Pains du monde

Spécial machines à pain

Rebecca Pugnale

Pains du monde

Spécial machines à pain

Recettes, conseils et astuces présentés par Guilaine d'Harcourt

Photographies et stylisme de Philippe Asset

Albin Michel

Table des recettes

Avant de commencer

Pains salés

Pains sucrés et brioches

Cakes

Chutneys et confitures

Les accompagnements

Avant-propos

Composé simplement de farine, de sel et d'eau, le pain est depuis des millénaires l'aliment de base de bien des sociétés humaines. Rien de tel que d'en faire soi-même car, comme dit un proverbe catalan, « le meilleur des pains est celui fait à la maison ».

Boule ou baguette, couronne ou petits pains, tendre ou croustillant, salé ou brioché, blanc, bis ou noir, à travers le monde et les siècles, le pain a pris mille et une formes différentes. C'est pourquoi les recettes qui suivent viennent de tous les horizons. Parfois agrémentés d'épices, de graines variées, de fruits secs, ce sont des pains de tous les jours ou des pains de fête, de ceux que l'on déguste avec sa famille ou ses amis. Car le pain se partage. Avec ces pains du monde entier et leurs nombreuses suggestions d'accompagnement, vous surprendrez vos invités et ajouterez à votre table une note originale et savoureuse. Vous composerez également de délicieux petits-déjeuners mais aussi des en-cas gourmands et des goûters faciles à réaliser.

Oui, fabriquer du bon pain c'est tout un art ! Mais ce savoir-faire est à votre portée et cet ouvrage est là pour vous aider à l'acquérir. Alors, lancez-vous et laissez-vous guider par les précieux conseils qui s'y trouvent ! Surtout, n'hésitez pas, innovez ! Un peu de temps et d'imagination plus tard, vous enchanterez vos papilles et celles de votre entourage...

Dans les recettes de ce livre, le picto ♪ indique les ingrédients à mettre dans la cuve de votre machine au moment où elle émet un bip sonore.

Afin d'être suffisamment précis, nous citons dans ce livre certaines marques commerciales. Ces citations sont faites à titre gratuit et ne constituent pas une appréciation sur les marques mentionnées. Pour des raisons de lisibilité, nous avons choisi d'écrire ces marques déposées avec une majuscule, sans les faire suivre du sigle ™.

Avant de commencer

1. Lancez-vous !

Quelques conseils, des astuces, un tableau d'aide à la résolution des problèmes vous seront utiles pour réussir parfaitement vos pains salés et sucrés, brioches, cakes et confitures.

Mes premières recommandations

- Commencez par un pain facile par exemple le *Pain blanc croustillant* (voir p. 22).
- Au début, référez-vous systématiquement à une recette testée. Toutes celles de ce livre sont faciles à réaliser et ont été expérimentées par des professionnels. Le manuel de votre machine vous en proposera également quelques autres.
- Au moment de préparer vos ingrédients, respectez scrupuleusement les proportions de la recette. Au besoin, équipez-vous d'une petite balance électronique. Les machines à pain sont en effet très sensibles à la moindre variation dans les quantités de liquide et de farine.
- Restez à côté de votre machine au cours des dix premières minutes pour vérifier la consistance de la pâte. Faire du pain n'est pas une science exacte. Lors du premier pétrissage, vous pourrez ajuster légèrement les quantités de liquide et de farine. Notez bien vos ajustements, vous trouverez la marche à suivre dans les pages suivantes.
- N'hésitez surtout pas à consulter le tableau « Des problèmes ? Des solutions ! » (p. 152). Il vous aidera à comprendre vos erreurs et vous donnera toutes les astuces pour obtenir un pain gonflé, doré et croustillant.

Voici la liste des ingrédients à toujours avoir à portée de main, dans vos placards et dans votre réfrigérateur. Certains ingrédients vont désormais faire partie de votre liste de courses hebdomadaires. Ce doit être un réflexe : ai-je tout ce qu'il me faut pour réaliser un pain aujourd'hui ou une brioche pour le petit-déjeuner de demain matin ?

Ingrédients indispensables

- farine T55 ;
- farine complète ;
- levure déshydratée instantanée ;
- sucre en poudre blanc et roux ;
- sel fin ;
- huile d'olive ;
- miel ;
- œufs ;
- beurre ;
- lait.

Pour réaliser vos **pains spéciaux**. Vous trouverez ces ingrédients dans certaines grandes surfaces et dans les magasins bio :

- farine de seigle ;
- farine de châtaigne ;
- semoule fine de blé dur ;
- farine de maïs ;
- farine Kamut ;
- farine d'épeautre ;
- farine de quinoa.

Pour varier les saveurs et les plaisirs, certains condiments :

- raisins secs, amandes, noisettes, pruneaux, figues sèches, écorces d'orange confites, écorces de citron confites ;
- olives noires et vertes, muesli, citron ;
- graines de sésame, de pavot, de tournesol ;
- épices : gingembre, anis, noix muscade, cannelle en poudre, graines de cumin, graines de fenouil ;
- bière.

Et pour vous aider, quelques équivalences
Tous les ingrédients n'ont pas le même poids. Ces équivalences sont donc approximatives mais tout à fait suffisantes pour vous permettre de faire vos calculs d'équivalence :
1 cuil. à café = 5 g = 0,5 cl
1 cuil. à soupe = 15 g = 1,5 cl

2. Vos premiers pains

Votre machine à pain est là avant tout pour vous simplifier le travail ! Lorsque vous aurez appuyé sur le bouton de démarrage, elle s'occupera de tout : mélanger les ingrédients, pétrir, faire lever la pâte, puis cuire le pain à la bonne température. Pour réaliser la majorité des pains, vous n'aurez qu'une seule chose à faire : mesurer avec précaution les ingrédients, les placer dans la cuve de la machine dans l'ordre indiqué par le constructeur, choisir le programme de cuisson, le poids et la couleur de la croûte. Avec une machine à pain, c'est vraiment simple d'obtenir un bon pain croustillant !

Trouver un pain tout chaud à l'heure qui vous convient – au petit-déjeuner par exemple – c'est possible grâce à votre machine à pain ! Reportez-vous au manuel de votre machine pour utiliser la fonction « Départ différé ».

Avec votre machine à pain, vous pourrez également réaliser des cakes et des confitures et, dès que vous aurez pris un peu d'assurance, le programme pâte vous permettra de préparer un pain que vous pourrez façonner puis cuire dans votre four traditionnel.

Les instructions données dans ce livre sont valables pour toutes les machines. Lisez néanmoins très attentivement le manuel du constructeur de votre machine : étudiez les différents programmes proposés, familiarisez-vous avec votre cuve : retirez-la de la machine, puis replacez-la, retirez la pale de pétrissage et replacez-la. Une erreur courante au début consiste à faire démarrer un programme alors que la cuve ou la pale de pétrissage ne sont pas positionnées convenablement.

Pas à pas

1. Choisissez une recette, lisez-la attentivement pour vérifier qu'il ne vous manque aucun ingrédient.

2. Les machines sont toutes différentes. Aussi devrez-vous légèrement adapter les proportions des ingrédients. Reportez-vous p. 15 pour apprendre à mesurer le taux d'hydratation (ou TH) de votre machine.

3. Ouvrez le couvercle de votre machine à pain, retirez la cuve, puis vérifiez que la pale de pétrissage n'est pas gênée par un reste de pâte d'une précédente utilisation. Placez la pale et posez la cuve sur votre plan de travail.

4. Mesurez avec précaution chaque ingrédient. On ne répétera jamais assez que, pour une parfaite réussite de votre pain, il est indispensable de suivre précisément les indications de la recette choisie ! Utilisez donc le gobelet doseur et la cuillère-mesure fournis avec votre machine. Si vous n'en avez pas, vous pouvez utiliser les correspondances (p. 12) pour savoir à quoi équivalent une cuil. à café et une cuil. à soupe. Une petite balance électronique vous permettra de mesurer avec plus de précision les quantités et de bien respecter les dosages des recettes que nous avons testées pour vous.

5. Prenons l'exemple d'une machine où les instructions demandent de commencer par les liquides :

- Versez l'eau et/ou le lait dans la cuve, l'huile, les œufs, le miel et tous les autres ingrédients liquides qui figurent dans votre recette.
- Versez doucement la farine sur le liquide afin qu'elle le recouvre entièrement. Ajoutez les autres ingrédients solides comme le lait en poudre, le sel fin, le sucre en poudre, le beurre coupé en morceaux, en les plaçant chacun séparément les uns des autres.
- Faites un petit puits dans la farine et versez-y la levure. Attention, la levure ne doit pas être en contact avec un autre ingrédient (excepté la farine), ni avec le liquide.
- Remettez la cuve dans la machine, vérifiez qu'elle est bien en place, fermez le couvercle de votre machine, puis sélectionnez le programme, le poids et la croûte. Appuyez sur le bouton de démarrage. Votre machine va mélanger les ingrédients pour former ce que l'on appelle le « pâton ».
- Si vous voulez utiliser la fonction « Départ différé », assurez-vous que vous avez déjà testé la recette choisie et calculez le nombre d'heures à ajouter au programme. Votre machine se mettra en route à l'heure dite et terminera son programme à l'heure où vous souhaitez déguster votre pain.
- Au cours des dix premières minutes, vérifiez toujours votre pâton (sauf en cas de programmation différée). C'est la clé du succès de vos pains. Si vous soulevez le couvercle de votre machine au bout de 10 min de pétrissage et que vous constatez que le pâton ne forme pas une belle boule lisse, c'est qu'il faut ajuster légèrement la quantité de liquide ou de farine. Le pâton ne doit pas être sec, ni coller aux parois de votre cuve. Pour ajuster la quantité des ingrédients, reportez-vous à la p. 14 de ce livre.
- Au cours du programme, un signal sonore – le bip – vous alerte du moment opportun pour ajouter les ingrédients complémentaires. Ouvrez le couvercle, ajoutez les ingrédients et refermez.
- Évitez d'ouvrir le capot de votre machine en cours de cuisson. La chaleur du four s'échapperait et perturberait le cycle de cuisson.
- Si vous devez ajouter un ingrédient au début de la cuisson de votre pain, par exemple pour le *Stollen* (p. 72) que vous devez garnir de pâte d'amande, ouvrez votre machine après le dernier pétrissage, sortez la pâte de la machine, déposez-la sur un plan de travail légèrement fariné. Étalez-la grossièrement, placez la pâte d'amande au centre et roulez la pâte pour enfermer la pâte d'amande. Ôtez la pale de pétrissage et remettez la pâte dans la cuve, soudure en dessous. Attendez la fin du programme.

• À la fin du cycle de cuisson, votre machine émet un signal sonore qui vous indique que le pain est prêt. Ouvrez votre machine et, à l'aide d'une manique, sortez la cuve de votre machine. Attention à ne pas vous brûler.

• Retournez la cuve et secouez-la légèrement ou tapotez doucement sur le fond afin de détacher le pain des parois.

• Attention, si votre pale de pétrissage n'est pas fixée à la cuve, elle risque de se détacher et de rester dans le pain. Pour l'enlever, incisez votre pain avec un ustensile en bois et récupérez la pale de pétrissage.

• Placez votre pain sur une grille.

• Ne réutilisez pas immédiatement votre machine à pain. La cuve doit totalement refroidir avant l'utilisation suivante. Une cuve trop chaude ne permettra pas de faire un bon pain... Lavez et séchez la cuve et la pale.

3. Un pâton lisse

Pour réussir un pain, il faut d'abord être attentif pendant les dix premières minutes du programme de votre machine à pain. Au cours de cette première étape, appelée le pétrissage, les ingrédients se mélangent petit à petit pour former une belle boule lisse, appelée le pâton. Si ce n'est pas le cas, la première chose à examiner et à adapter est la quantité de liquide ou de farine.

Comment faire ?

Il faut observer. Commencez par mettre tous les ingrédients dans la cuve de votre machine en suivant l'ordre préconisé par le constructeur. Soulevez le couvercle de votre machine au bout de 10 min de pétrissage.

• Si vous constatez que **le pâton colle à la paroi** et ne forme pas une belle boule lisse, c'est qu'il y a trop de liquide. Ajoutez de la farine (10 g par 10 g) et notez sur votre manuel de recettes la quantité de farine que vous avez ajoutée. La prochaine fois, vous utiliserez cette quantité de farine.

• Si vous constatez que **le pâton est trop sec** et ne forme pas une boule lisse, c'est qu'il n'y a pas assez de liquide. Ajoutez du liquide : eau, lait, en fonction de la recette choisie (10 cl par 10 cl) et notez sur votre manuel de recettes la quantité de liquide que vous avez ajoutée. La prochaine fois, vous utiliserez cette quantité de liquide.

Le pâton colle à la paroi

Le pâton est top sec

Le pâton forme une boule lisse

Vous voyez, c'est simple, les seuls ingrédients à adapter sont donc les liquides ou la farine ! La machine à pain fonctionne à l'œil ! Une fois les quantités ajustées, au bout de 20 minutes de pétrissage, votre cuve doit être propre et le pâton lisse ne doit pas coller aux parois.

Les œufs

Toutes les recettes de ce livre ont été réalisées avec des œufs de 50 g, coquille comprise.
Si vos œufs sont plus gros, pensez à diminuer un peu la quantité de liquide (eau, lait...). Vérifiez le pâton au bout de 10 min de pétrissage et ajustez.
Si vos œufs sont plus petits, pensez à augmenter un peu la quantité de liquide (eau, lait...). Vérifiez le pâton au bout de 10 min de pétrissage et ajustez.

4. Un taux d'hydratation (TH) maîtrisé

Lisez attentivement le paragraphe ci-dessous. Si vous constatez que votre pâton forme rarement une belle boule lisse, comme indiqué ci-dessus, et que vos pains sont rarement satisfaisants en fin de cuisson, c'est sans doute que le taux d'hydratation (TH) de votre machine à pain est différent de celui de la recette choisie.

Calculez le TH de votre machine

Eh oui, toutes les machines ne pétrissent ni ne cuisent de façon identique ! Alors, le seul moyen de vous tirer d'affaire est de définir votre TH et d'adapter légèrement les recettes.

Un TH se calcule en ml.
Comme vous le constaterez à la lecture des recettes de ce livre, les liquides sont proposés en cl. Pour calculer le TH de votre machine, vous devez donc transformer les cl en ml (p. 17).

Pour calculez le taux d'hydratation de votre machine, commencez par réaliser le *Pain blanc croustillant* (voir p. 22).

La recette du *Pain blanc croustillant* demande 350 g de farine et 21 cl d'eau. Transformez les cl en ml (p. 17). Le TH de cette recette se calcule ainsi :
TH = (210 ml / 350 g de farine) x 100 = 60
Vous divisez donc la quantité de liquide par le poids de la farine.
Le TH de la recette est donc de 60.

Celui de votre machine est différent. Calculez-le :
Si vous avez ajouté 1 cl d'eau, refaites le calcul : convertissez en ml (p. 17).
TH = (210 ml d'eau + 10 ml d'eau / 350 g de farine) x 100 = 62
Votre machine a donc un TH de 62.

Si vous avez ajouté 10 g de farine, refaites le calcul :
TH = (210 ml d'eau / 360 g de farine) x 100 = 58
Votre machine a un TH de 58.

Ajustez maintenant vos quantités

Lors de la réalisation de vos prochaines recettes, vous devrez donc adapter les proportions indiquées dans la recette. Il est toujours plus facile d'adapter la quantité de liquide. C'est la solution que nous vous proposons ici :

Par exemple, pour un pain composé de 500 g de farine et 30 cl de lait : le TH est de 60.

Si votre machine a un TH de 64, vous allez adapter la quantité de liquide.

Donc calculez (500 g de farine x 64) / 100 = 320 ml. Convertissez en cl. Vous verserez donc 32 cl de lait (et non 30 cl).

Si votre machine a un TH de 56, vous allez adapter la quantité de liquide.
Donc calculez (500 g de farine x 56) / 100 = 280 ml de lait. Convertissez en cl. Vous verserez donc 28 cl de lait (et non 30 cl).

5. Les ingrédients

Les farines

Un pain est fait à partir de farine, de levure, d'eau et de sel. Attention, vous n'allez pas utiliser votre farine habituelle (la farine de type T45), car elle n'est pas panifiable. Vous utiliserez une farine différente, achetée spécialement pour vos pains et vos brioches. À moins que vous ne choisissiez le programme « Cake » de votre machine à pain.

Lorsque vous achetez de la farine, vérifiez le type, il est toujours indiqué sur le côté du paquet.

Généralement, la farine est issue du blé. Parfois, elle provient d'autres céréales. Les farines **panifiables** sont le froment (appelé blé), l'épeautre, le seigle et le Kamut. Elles contiennent des protéines insolubles formant le gluten lors du mélange avec un liquide. C'est ce qui donne l'élasticité et la structure de la pâte et permet aussi au pâton de retenir le CO_2 fourni par la fermentation.

Les farines **non panifiables** sont les farines de maïs, de châtaigne, de millet, d'avoine et d'orge... Elles ne contiennent pas ces fameuses protéines insolubles. Lorsque le pain est fabriqué avec l'une de ces céréales, il faut toujours la mélanger à une céréale panifiable.

- La farine T55 est la farine panifiable classique, la plus courante, celle qu'il faut utiliser pour faire les meilleurs pains. On l'appelle aussi la farine forte.
- La farine T80 s'appelle la farine bise. Elle contient environ 85 % du grain brut. Une toute petite proportion du son et du germe a été enlevée. Avec de la farine bise, le pain est plus léger que les pains réalisés à base de farine complète.
- La farine T110 est dite complète et les farines T150 à T170 sont dites intégrales car elles contiennent l'intégralité du grain. Pour faire du pain, il faut utiliser de la farine complète forte ou de la farine pour pain complet. Si vous souhaitez un pain plus léger, remplacez une partie de la farine complète par de la farine T55.

La levure

C'est l'agent de fermentation le plus fréquemment utilisé.

On trouve plusieurs sortes de levures :

- La levure déshydratée instantanée ou suractivée : vous la trouverez généralement en sachet. Elle est très facile à utiliser puisqu'elle est prête à l'emploi : versez-la directement dans un petit puits creusé dans la farine. Attention de ne pas la mettre en contact avec le sel, ni les liquides, surtout si vous choisissez le programme différé. Elle perdrait toute son efficacité. Elle ne doit se mélanger avec les autres ingrédients qu'au moment du pétrissage. Tout sachet ouvert doit être conservé au réfrigérateur pendant 48 h maximum.
- La levure déshydratée non instantanée doit être réactivée. Consultez les indications d'usage qui figurent sur l'emballage.
- La levure fraîche est celle que vous pourrez acheter chez votre boulanger. Elle se conserve au réfrigérateur pendant plusieurs semaines. Pour l'utiliser dans votre machine à pain, il faut savoir que 6 g de levure fraîche = 1 cuil. à café de levure déshydratée.
N'oubliez pas de mélanger votre levure fraîche à 2 cuil. à soupe d'eau tiède et 1 cuil. à café de sucre. Faites reposer ce mélange pendant au moins 5 min. Quand il mousse, vous pouvez le verser dans la cuve avec les autres ingrédients de la recette.
- Vous trouverez également du levain déshydraté qui s'utilise comme la levure. Reportez-vous au tableau de correspondances page 17, si vous souhaitez l'utiliser.

C'est **la levure déshydratée instantanée** qui a été utilisée pour la réalisation des recettes de ce livre. Tout comme pour les autres ingrédients, respectez bien les proportions indiquées pour obtenir un pain bien gonflé et une mie aérée.

Les autres ingrédients

Tous les ingrédients de vos recettes sont indispensables. Apprenez ici à comprendre pourquoi !

Le sel fin : il donne du goût au pain et il a une action directe sur la fermentation. Il la ralentit pour permettre à la pâte de lever progressivement. Attention, trop de sel empêche la pâte de lever correctement. Prenez du sel fin. Évitez le gros sel qui pourrait rayer la cuve.

Le sucre en poudre : il donne, dans certaines recettes, une belle couleur dorée à la croûte et contribue à une meilleure conservation du pain. Vous pouvez utiliser du sucre en poudre blanc ou roux, du miel, du sirop de sucre de canne, du sirop d'érable ou de la mélasse.

Beurre et huiles : ils favorisent la conservation des pains et donnent une mie plus lisse. L'huile d'olive est fréquente dans les pains méditerranéens. Vous pourrez aussi utiliser de l'huile de tournesol. N'utilisez pas de beurre tendre prêt à tartiner et à faible teneur en matières grasses : il contient au moins 40 % d'eau.
Lorsque vous utilisez du beurre en machine à pain, il n'a pas besoin d'être à température ambiante, ni fondu (sauf pour le programme « Cake » pour lequel il a besoin d'être préalablement fondu). Sortez-le de votre réfrigérateur, pesez la quantité requise, coupez-le en morceaux et placez-le dans la cuve de votre machine.

Les liquides : c'est en général avec de l'eau que sont fabriqués les pains, mais le lait sera utilisé pour les brioches ou les pains plus doux. L'eau donne une croûte plus croustillante et le lait une mie plus tendre. Si vous utilisez le programme différé, utilisez du lait en poudre pour éviter qu'il ne tourne. S'il fait frais dehors ou dans votre pièce, votre liquide devra être légèrement tiédi. Vous pouvez également laisser les liquides à température ambiante pendant 30 min avant de les utiliser.

Les œufs : ils doivent être légèrement battus à la fourchette avant d'être incorporés aux autres ingrédients, dans la cuve. Ils ont une action à la fois sur le goût, la couleur et la texture de votre pain. Les recettes ont été réalisées avec des œufs moyens de 50 g. Si vos œufs sont plus gros ou plus petits, adaptez la quantité de liquide en conséquence. Cassez l'œuf (ou les œufs) dans votre gobelet doseur et complétez avec du liquide (eau ou lait) jusqu'à obtenir la quantité indiquée dans votre recette. S'il fait froid, vous pouvez les laisser à température ambiante pendant 30 min avant de les utiliser.

Tableau de correspondances

Levure déshydratée instantanée	Levain déshydraté	Levure fraîche
1/2 cuil. à café	2 cuil. à café	17 g
1 cuil. à café	2 cuil. 1/2 à café	22 g
1 cuil. 1/2 à café	3 cuil. 1/2 à café	30 g

Quelques repères utiles

litre	l	dl	cl	ml
1,5 litre	1,5 l	15 dl	150 cl	1 500 ml
1 litre	1 l	10 dl	100 cl	1 000 ml
1/2 litre	0,5 l	5 dl	50 cl	500 ml
1/4 de litre	0,25 l	2,5 dl	25 cl	250 ml
1/8 de litre	0,125 l	1,25 dl	12,5 cl	125 ml

6. Glaçage et déco gourmande

Pour donner une belle couleur à vos pains et pour ajouter une touche finale, vous pouvez glacer votre pain ou réaliser une déco gourmande sur le dessus de votre pain.

Le glaçage

Le glaçage s'applique au début ou à la fin de la cuisson de votre pain.

Avant le début de la cuisson

Choisissez votre glaçage :

- Lait froid : pour obtenir une croûte brillante et croustillante.
- Beurre : 15 g de beurre fondu, pour obtenir une croûte moelleuse délicieusement parfumée au beurre.
- Eau salée : 2 cuil. à soupe d'eau mélangée à 1 cuil. à café de sel fin, pour obtenir une croûte croustillante et légèrement brillante.
- Huile d'olive : pour obtenir une croûte brillante au bon goût d'huile d'olive.
- Jaune d'œuf : 1 jaune d'œuf mélangé à 1 cuil. à soupe d'eau, pour obtenir une belle croûte dorée.
- Blanc d'œuf : 1 blanc d'œuf légèrement battu mélangé à 1 cuil. à soupe d'eau, pour obtenir une croûte légèrement brillante.

Surveillez le cycle de votre machine à pain. En vous reportant à la notice du constructeur, vérifiez à quel moment débute le cycle de cuisson. Le glacage s'applique en effet juste avant que la cuisson ne débute ou alors dans les dix premières minutes de la cuisson.

Pour appliquer le glaçage, munissez-vous d'un pinceau. Ouvrez la machine à pain, sortez la cuve, fermez immédiatement le couvercle pour conserver la chaleur, enduisez de glaçage le dessus du pain. Replacez ensuite la cuve dans la machine, refermez le couvercle et terminez la cuisson.

En fin de la cuisson

Choisissez votre glaçage :

- miel ou sirop d'érable ;
- beurre fondu ;
- sirop de sucre aromatisé (alcool, jus de citron) ;
- glaçage au sucre glace citronné : mélangez 100 g de sucre glace et le jus de 1/2 citron. Appliquez ce mélange sur la surface de votre brioche. Ce glaçage formera, en séchant, une délicieuse croûte blanche et citronnée ;
- confiture.

À la fin de la cuisson de votre pain, ouvrez le couvercle de votre machine, sortez délicatement le pain de la cuve, déposez-le sur une grille. Avec un pinceau, enduisez-le de l'ingrédient choisi parmi ceux proposés dans la liste ci-dessus.

Les décos gourmandes

Décorez votre pain de quelques ingrédients. Il n'en sera que plus beau et cela renforcera son goût et sa texture. Les décos gourmandes peuvent être réalisées tout au début ou tout à la fin de la cuisson de votre pain.

Choisissez une déco gourmande qui se marie à la fois à la texture et au goût de votre pain :
- graines de pavot, de sésame, de tournesol, de potiron, grains de poivre, semoule fine ;
- gros sel, farine tamisée, muesli, sucre glace, sucre perlé ;
- raisins secs, amandes effilées, cerises confites, noisettes, pistaches pilées ;
- herbes de Provence, thym, romarin.

Avant le début de la cuisson
Surveillez le cycle de votre machine à pain. En vous reportant à la notice du constructeur, vérifiez à quel moment débute le cycle de cuisson. C'est à ce moment-là que vous appliquez la déco gourmande. Ouvrez la machine à pain, sortez la cuve, fermez immédiatement le couvercle pour conserver la chaleur. À l'aide d'un pinceau, enduisez le dessus du pâton de beurre fondu ou d'eau salée. Déposez l'ingrédient et appuyez légèrement pour le faire adhérer au pain. Replacez ensuite la cuve dans la machine, refermez le couvercle et terminez la cuisson. Attention, votre déco gourmande va cuire en même temps que votre pain.

Juste avant la fin de la cuisson
À cette étape, les ingrédients choisis pour votre déco gourmande ne cuiront pas avec votre pain. 5 min avant la fin du cycle de cuisson, ouvrez la machine à pain, sortez la cuve, fermez immédiatement le couvercle pour conserver la chaleur et sortez délicatement le pain de la cuve. À l'aide d'un pinceau, enduisez le dessus du pâton de beurre fondu ou d'eau salée. Déposez l'ingrédient et appuyez légèrement pour le faire adhérer au pain. Replacez ensuite le pain dans la cuve, puis dans la machine, refermez le couvercle et terminez la cuisson pendant 3 à 4 minutes. La déco gourmande va ainsi adhérer à la surface de votre pain, sans cuire.

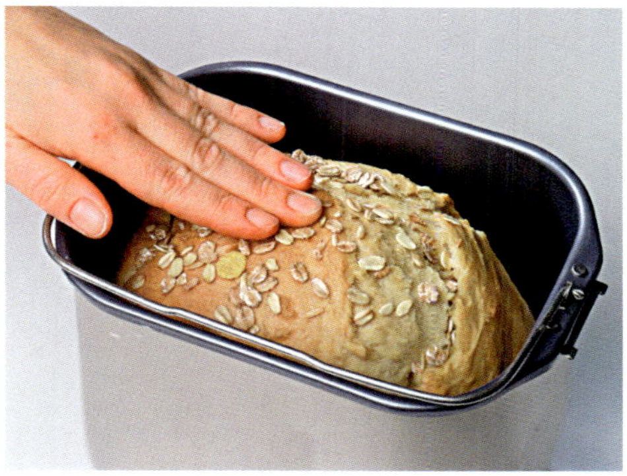

Pains salés

Pain blanc croustillant (France)

Depuis des millénaires, le pain est l'aliment de base des hommes. Il est fabriqué à partir de farine provenant principalement des céréales panifiables : le blé et le seigle.
On y ajoute de la levure, du sel et de l'eau, puis on fait lever la pâte ainsi obtenue.
C'est cette fermentation qui différencie le pain de la galette.
La fabrication du pain est un art difficile qui demande une grande rigueur. Un pain réussi doit être beau et appétissant et sa croûte dorée, fine et croustillante. À l'intérieur, la mie doit être légère, percée de grandes alvéoles. Fait à partir de farine blanche, le pain blanc est disponible en France sous bien des formes.

Programme : pain français
Croûte : moyenne ou foncée

	pain de 500 g	pain de 750 g	pain de 1 kg
○ Eau	21 cl	27 cl	33 cl
○ Huile	1 cuil. à soupe	1 cuil. 1/2 à soupe	1 cuil. 1/2 à soupe
○ Sel fin	1 cuil. à café	1 cuil. 1/2 à café	2 cuil. à café
○ Sucre en poudre	2 cuil. à café	1 cuil. à soupe	1 cuil. à soupe
○ Farine T55	350 g	450 g	550 g
○ Levure déshydratée instantanée	1 cuil. à café	1 cuil. 1/2 à café	1 cuil. 1/2 à café

• Mettez tous les ingrédients dans la cuve de votre machine en suivant l'ordre préconisé par le constructeur. Vous veillerez à ajuster les quantités en fonction du taux d'hydratation (TH) de votre machine (voir p. 15). Faites un petit puits dans la farine et versez-y la levure.
• Sélectionnez le programme pain français, le poids et une croûte moyenne ou foncée.
• Vérifiez la pâte après environ 10 min de pétrissage afin de vous assurer qu'elle forme une belle boule lisse, sinon ajustez la quantité de liquide ou de farine (voir p. 14).
• À la fin du programme, démoulez votre pain blanc croustillant sur une grille et laissez-le refroidir.

C'est encore meilleur

• Tout simplement grillé, toasté et servi au petit-déjeuner avec une *Confiture de fraises* (voir p. 138) ou d'abricots !
• Pour accompagner un onglet sauce au poivre, une blanquette de veau ou un pot-au-feu et tous les plats en sauce.

Pain de campagne aux noix (France)

Le pain de campagne est un pain à base de farine blanche à laquelle on a ajouté un peu de farine de seigle ou de farine complète. Rustique et nourrissant, il possède une mie dense, une croûte épaisse et croustillante et un petit goût d'antan.
On peut garnir sa pâte de graines de sésame, de lard fumé, d'amandes effilées, de pistaches, de jambon ou encore de noix. Dans cette dernière version, il accompagne merveilleusement les fromages.

Programme : pain français
Croûte : moyenne ou foncée

	pain de 500 g	pain de 750 g	pain de 1 kg
Eau	24 cl	30 cl	36 cl
Huile de noix	1/2 cuil. à soupe	1 cuil. à soupe	1 cuil. 1/2 à soupe
Sucre en poudre	2 cuil. à café	1 cuil. à soupe	1 cuil. à soupe
Sel fin	1 cuil. à café	1 cuil. 1/2 à café	2 cuil. à café
Farine T55	270 g	350 g	430 g
Farine de seigle	80 g	100 g	120 g
Levure déshydratée instantanée	1 cuil. à café	1 cuil. 1/2 à café	2 cuil. à café
Cerneaux de noix	60 g	80 g	100 g

- Mettez tous les ingrédients dans la cuve de votre machine en suivant l'ordre préconisé par le constructeur. Vous veillerez à ajuster les quantités en fonction du taux d'hydratation (TH) de votre machine (voir p. 15). Faites un petit puits dans la farine et versez-y la levure.
- Sélectionnez le programme pain français, le poids et une croûte moyenne ou foncée.
- Vérifiez la pâte après environ 10 min de pétrissage afin de vous assurer qu'elle forme une belle boule lisse, sinon ajustez la quantité de liquide ou de farine (voir p. 14).
- Au bip, ajoutez les noix.
- À la fin du programme, démoulez votre pain de campagne aux noix sur une grille et laissez-le refroidir.

C'est encore meilleur

- Servi avec un plateau de fromages classiques : brie, tomme de Savoie, reblochon, bleu d'Auvergne, munster et cantal.
- Pour accompagner un plateau de fromages de chèvre en jouant sur le degré d'affinage du plus frais au très sec et du plus doux au corsé.

Pain de campagne aux olives (France)

Les pains de campagne sont traditionnellement proposés sous forme d'énormes miches ou de grands pains longs qui se conservent pendant plusieurs jours. Le plus souvent, il s'agit d'un mélange de farine de blé et de farine de seigle. Ici, garni d'olives noires, ce pain a une teinte caractéristique et un goût prononcé.

Programme : pain français
Croûte : moyenne ou foncée

	pain de 500 g	pain de 750 g	pain de 1 kg
Eau	24 cl	30 cl	36 cl
Huile d'olive	1/2 cuil. à soupe	1 cuil. à soupe	1 cuil. 1/2 à soupe
Sel fin	1 cuil. à café	1 cuil. 1/2 à café	2 cuil. à café
Sucre en poudre	2 cuil. à café	1 cuil. à soupe	1 cuil. à soupe
Farine T55	270 g	350 g	430 g
Farine de seigle	80 g	100 g	120 g
Levure déshydratée instantanée	1 cuil. à café	1 cuil. 1/2 à café	2 cuil. à café
Olives noires dénoyautées	60 g	80 g	100 g

- Mettez tous les ingrédients dans la cuve de votre machine en suivant l'ordre préconisé par le constructeur. Vous veillerez à ajuster les quantités en fonction du taux d'hydratation (TH) de votre machine (voir p. 15). Faites un petit puits dans la farine et versez-y la levure.
- Sélectionnez le programme pain français, le poids et une croûte moyenne ou foncée.
- Vérifiez la pâte après environ 10 min de pétrissage afin de vous assurer qu'elle forme une belle boule lisse, sinon ajustez la quantité de liquide ou de farine (voir p. 14).
- Au bip, ajoutez les olives noires.
- À la fin du programme, démoulez votre pain de campagne aux olives sur une grille et laissez-le refroidir.

C'est encore meilleur

- Servi tranché et tartiné d'un *Tartare de sardines* (voir p. 155) ou de rillettes de thon : mixez 200 g de thon en boîte au naturel, 2 échalotes, 12 olives noires dénoyautées, 2 petits-suisses, 1 cuil. à café de jus de citron et assaisonnez à votre convenance.

Pain au lait (France)

Fabriqués à base de farine blanche et de lait, ces petits pains dorés et moelleux à cœur ont un parfum d'enfance et de petit-déjeuner du dimanche. Ils sont bons tout le temps : le matin avec de la confiture, à quatre heures avec du Nutella ou une barre de chocolat et même à midi dans leur version salée.

Programme : pain sucré ou pain basique
Croûte : pâle ou moyenne

	pain de 500 g	pain de 750 g	pain de 1 kg
○ Lait	13 cl	19 cl	25 cl
○ Beurre	60 g	70 g	80 g
○ Œuf(s) légèrement battu(s)	1	2	2
○ Sel fin	1 cuil. à café	1 cuil. 1/2 à café	1 cuil. 1/2 à café
○ Sucre en poudre	30 g	40 g	50 g
○ Farine T55	350 g	450 g	550 g
○ Levure déshydratée instantanée	1 cuil. à café	1 cuil. 1/2 à café	2 cuil. à café

- Mettez tous les ingrédients dans la cuve de votre machine en suivant l'ordre préconisé par le constructeur. Vous veillerez à ajuster les quantités en fonction du taux d'hydratation (TH) de votre machine (voir p. 15) et de la grosseur des œufs (voir p. 15). Faites un petit puits dans la farine et versez-y la levure.
- Sélectionnez le programme pain sucré ou pain basique, le poids et une croûte pâle ou moyenne.
- Vérifiez la pâte après environ 10 min de pétrissage afin de vous assurer qu'elle forme une belle boule lisse, sinon ajustez la quantité de liquide ou de farine (voir p. 14).
- À la fin du programme, démoulez votre pain au lait sur une grille et laissez-le refroidir.

C'est encore meilleur

- Garni de jambon et de cheddar, de petites saucisses et de ketchup, de thon et de mayonnaise, un pique-nique idéal pour les enfants !
- Tranché et grillé pour réaliser de savoureux croques jambon-ananas exotiques et surprenants.

Pain à la châtaigne (Corse)

S'il y a bien une spécialité corse, c'est la châtaigne. Décortiquées, séchées puis moulues, les châtaignes produisent une farine fine à l'odeur agréable et à la saveur sucrée. En Corse, cette farine sert de base à de nombreuses recettes traditionnelles. Mélangée à du froment, elle donne au pain un goût prononcé et irrésistible, surtout avec du fromage de brebis.

Programme : pain basique
Croûte : moyenne ou foncée

	pain de 500 g	pain de 750 g	pain de 1 kg
○ Eau	18 cl	25 cl	26 cl
○ Œuf(s) légèrement battu(s)	1	1	2
○ Huile	1/2 cuil. à soupe	1 cuil. à soupe	1 cuil. 1/2 à soupe
○ Miel de châtaigner	2 cuil. à café	1 cuil. à soupe	1 cuil. à soupe
○ Sel fin	1 cuil. à café	1 cuil. 1/2 à café	2 cuil. à café
○ Farine T55	300 g	270 g	330 g
○ Farine de châtaigne	50 g	70 g	80 g
○ Levure déshydratée instantanée	1 cuil. 1/2 à café	1 cuil. 1/2 à café	2 cuil. à café

• Mettez tous les ingrédients dans la cuve de votre machine en suivant l'ordre préconisé par le constructeur. Vous veillerez à ajuster les quantités en fonction du taux d'hydratation (TH) de votre machine (voir p. 15) et de la grosseur des œufs (voir p. 15). Faites un petit puits dans la farine et versez-y la levure.
• Sélectionnez le programme pain basique, le poids et une croûte moyenne ou foncée.
• Vérifiez la pâte après environ 10 min de pétrissage afin de vous assurer qu'elle forme une belle boule lisse, sinon ajustez la quantité de liquide ou de farine (voir p. 14).
• À la fin du programme, démoulez votre pain à la châtaigne sur une grille et laissez-le refroidir.

C'est encore meilleur

• Tranché et tartiné d'un beurre aromatisé au thym.
• Avec un plat de charcuterie, corse ou non : jambon cru, saucisson, coppa...
• Avec un plateau de fromages de brebis et de chèvre.
• En accompagnement d'un civet de sanglier à la confiture d'oignons rouges.

White bread

pain de mie (Angleterre)

Un verre de jus d'orange, des œufs brouillés, quelques tranches de bacon grillées, des corn-flakes ou du porridge, une tasse de thé noir. Fermez les yeux... Vous voici, un matin, de l'autre côté de la Manche ! Un seul ingrédient manque pour compléter cet *English breakfast* : le pain de mie anglais, le seul digne de ce nom. Sa mie très blanche, fraîche et moelleuse en fait également le pain idéal des sandwichs.

Programme : pain basique
Croûte : moyenne ou foncée

	pain de 500 g	pain de 750 g	pain de 1 kg
○ Lait	23 cl	29 cl	35 cl
○ Beurre	25 g	30 g	35 g
○ Sel fin	1 cuil. à café	1 cuil. 1/2 à café	1 cuil. 1/2 à café
○ Sucre en poudre	1/2 cuil. à soupe	1 cuil. à soupe	1 cuil. 1/2 à soupe
○ Farine T55	350 g	450 g	550 g
○ Levure déshydratée instantanée	1 cuil. à café	1 cuil. 1/2 à café	1 cuil. 1/2 à café

- Mettez tous les ingrédients dans la cuve de votre machine en suivant l'ordre préconisé par le constructeur. Vous veillerez à ajuster les quantités en fonction du taux d'hydratation (TH) de votre machine (voir p. 15). Faites un petit puits dans la farine et versez-y la levure.
- Sélectionnez le programme pain basique, le poids et une croûte moyenne ou foncée.
- Vérifiez la pâte après environ 10 min de pétrissage afin de vous assurer qu'elle forme une belle boule lisse, sinon ajustez la quantité de liquide ou de farine (voir p. 14).
- À la fin du programme, démoulez votre pain de mie sur une grille et laissez-le refroidir.

C'est encore meilleur

- Au petit-déjeuner, légèrement grillé et tartiné de crème au citron, *Lemon curd* (voir p. 156), ou de *Marmelade d'oranges* (voir p. 132), il fond dans la bouche.
- Si vous voulez rester à Londres pour le déjeuner, rien de plus simple : du pain de mie tartiné d'une mayonnaise relevée d'un filet de moutarde, quelques tranches de concombre, un peu de salade et voici le plus classique des sandwichs anglais !

Wheaten bread

pain complet (Irlande)

Composant essentiel d'une alimentation équilibrée, le pain complet est préparé avec de la farine de blé dite complète parce qu'elle contient tous les éléments du blé. Elle est donc riche en fibres et en sels minéraux.
Le pain traditionnel irlandais est un pain complet qui porte aussi le nom de *brown soda bread*. Sa consistance est proche de celle d'un gâteau. Ce pain est presque un plat à lui tout seul !

Programme : pain complet
Croûte : moyenne ou foncée

	pain de 500 g	pain de 750 g	pain de 1 kg
○ Eau	24 cl	30 cl	36 cl
○ Huile	1/2 cuil. à soupe	1 cuil. à soupe	1 cuil. à soupe
○ Sel fin	1 cuil. à café	1 cuil. 1/2 à café	1 cuil. 1/2 à café
○ Sucre en poudre	2 cuil. à café	1 cuil. à soupe	1 cuil. à soupe
○ Farine T55	110 g	150 g	180 g
○ Farine complète	240 g	300 g	370 g
○ Levure déshydratée instantanée	1 cuil. à café	1 cuil. 1/2 à café	1 cuil. 1/2 à café

- Mettez tous les ingrédients dans la cuve de votre machine en suivant l'ordre préconisé par le constructeur. Vous veillerez à ajuster les quantités en fonction du taux d'hydratation (TH) de votre machine (voir p. 15). Faites un petit puits dans la farine et versez-y la levure.
- Sélectionnez le programme pain complet, le poids et une croûte moyenne ou foncée.
- Vérifiez la pâte après environ 10 min de pétrissage afin de vous assurer qu'elle forme une belle boule lisse, sinon ajustez la quantité de liquide ou de farine (voir p. 14).
- À la fin du programme, démoulez votre *wheaten bread* sur une grille et laissez-le refroidir.

C'est encore meilleur

- Tranché et tartiné de beurre salé, recouvert de fines tranches de poisson fumé (saumon, haddock, lieu) et accompagné d'un verre de bière ambrée.
- Pour accompagner une soupe de cerfeuil et des pavés de saumon cuits, coupés en petits morceaux, ou encore des truites en papillotes.

Pains pistolets (Belgique)

Mais d'où vient le nom de ce petit pain rond et tendre qui est pour les Belges ce que la baguette est aux Français ? Nul ne le sait. Une chose est sûre : le pistolet est à consommer frais lorsque sa croûte fine et dorée est encore craquante et sa mie toute légère.

Programme : pâte

	pain de 500 g	pain de 750 g	pain de 1 kg
Eau	21 cl	27 cl	33 cl
Huile	1 cuil. à café	2 cuil. à café	1 cuil. à soupe
Lait en poudre	1 cuil. à soupe	2 cuil. à soupe	3 cuil. à soupe
Sel fin	1 cuil. à café	1 cuil. 1/2 à café	2 cuil. à café
Sucre en poudre	1 cuil. à café	1 cuil. 1/2 à café	2 cuil. à café
Farine T55	350 g	450 g	550 g
Levure déshydratée instantanée	1 cuil. à café	1 cuil. 1/2 à café	2 cuil. à café

- Mettez tous les ingrédients dans la cuve de votre machine en suivant l'ordre préconisé par le constructeur. Vous veillerez à ajuster les quantités en fonction du taux d'hydratation (TH) de votre machine (voir p. 15). Faites un petit puits dans la farine et versez-y la levure.
- Sélectionnez le programme pâte et le poids.
- Vérifiez la pâte après environ 10 min de pétrissage afin de vous assurer qu'elle forme une belle boule lisse, sinon ajustez la quantité de liquide ou de farine (voir p. 14).
- À la fin du programme, placez la pâte sur un plan de travail légèrement fariné et divisez-la en 10 morceaux puis façonnez des boules.
- Couvrez d'un linge humide et laissez reposer à température ambiante pendant 20 min.
- Farinez les boules ainsi que le manche d'une cuillère en bois, appuyez fermement le manche de la cuillère sur le centre de chaque boule (en prenant soin de ne pas couper la pâte). Étirez légèrement les extrémités et retournez (fente vers le bas) sur un linge fariné.
- Laissez lever environ 1 h à température ambiante.
- Préchauffer le four à 240 °C (th. 8) en y plaçant un récipient rempli d'eau afin de créer une atmosphère humide.
- Transférez et retournez (fente vers le haut) délicatement chaque petit pain pistolet sur une plaque de cuisson huilée et enfournez les pains pistolets à côté du récipient rempli d'eau pour 15 à 20 min, selon la coloration souhaitée.

C'est encore meilleur

- Avec de la confiture au petit-déjeuner.
- Servi avec du *Tartare de sardines* (voir p. 155).

Hiivaleipä

pain de seigle (Finlande)

Les Finlandais n'ont pas attendu la mode des produits diététiques pour préférer le pain de seigle, une céréale trop absente de nos assiettes et dont les effets bénéfiques pour la santé ne sont plus à démontrer. Le *hiivaleipä* (prononcez hivaleïpa) est l'un des pains classiques de Finlande. Nourrissant, il accompagne à merveille les fromages ou les conserves au vinaigre.

Programme : pain français
Croûte : moyenne ou foncée

	pain de 500 g	pain de 750 g	pain de 1 kg
○ Eau	24 cl	30 cl	36 cl
○ Beurre	15 g	20 g	25 g
○ Miel	1 cuil. à soupe	1 cuil. 1/2 à soupe	2 cuil. à soupe
○ Sel fin	1 cuil. à café	1 cuil. 1/2 à café	1 cuil. 1/2 à café
○ Farine T55	200 g	260 g	320 g
○ Farine de seigle	150 g	190 g	230 g
○ Levure déshydratée instantanée	1 cuil. à café	1 cuil. 1/2 à café	2 cuil. à café

- Mettez tous les ingrédients dans la cuve de votre machine en suivant l'ordre préconisé par le constructeur. Vous veillerez à ajuster les quantités en fonction du taux d'hydratation (TH) de votre machine (voir p. 15). Faites un petit puits dans la farine et versez-y la levure.
- Sélectionnez le programme pain français, le poids et une croûte moyenne ou foncée.
- Vérifiez la pâte après environ 10 min de pétrissage afin de vous assurer qu'elle forme une belle boule lisse, sinon ajustez la quantité de liquide ou de farine (voir p. 14).
- À la fin du programme, démoulez votre *hiivaleipä* sur une grille et laissez-le refroidir.

C'est encore meilleur

- Pour accompagner des conserves de légumes au vinaigre, des petits cornichons et de la charcuterie.
- Avec une assiette de fromages ou de crevettes à la mayonnaise citronnée.
- Tout simplement tranché et grillé avec un *Beurre aux herbes ou aux baies roses* (voir p. 155).

Ciabatta (Italie)

Ce pain blanc rectangulaire dont le nom signifie « chausson » est sans doute le pain italien le plus célèbre. Sa texture caractéristique, sa mie moelleuse et aérée, son parfum d'huile d'olive, sa croûte douce et croustillante y sont sûrement pour quelque chose… Délicieuse nature, la *ciabatta* constitue également une excellente base pour les petits sandwichs.

Programme : pain français
Croûte : moyenne ou foncée

	pain de 500 g	pain de 750 g	pain de 1 kg
Eau	21 cl	27 cl	33 cl
Huile	3 cuil. à soupe	3 cuil. 1/2 à soupe	4 cuil. à soupe
Sel fin	1 cuil. à café	1 cuil. 1/2 à café	1 cuil. 1/2 à café
Sucre en poudre	2 cuil. à café	1 cuil. à soupe	1 cuil. à soupe
Farine T55	350 g	450 g	550 g
Levure déshydratée instantanée	1 cuil. à café	1 cuil. 1/2 à café	1 cuil. 1/2 à café

• Mettez tous les ingrédients dans la cuve de votre machine en suivant l'ordre préconisé par le constructeur. Vous veillerez à ajuster les quantités en fonction du taux d'hydratation (TH) de votre machine (voir p. 15). Faites un petit puits dans la farine et versez-y la levure.
• Sélectionnez le programme pain français, le poids et une croûte moyenne ou foncée.
• Vérifiez la pâte après environ 10 min de pétrissage afin de vous assurer qu'elle forme une belle boule lisse, sinon ajustez la quantité de liquide ou de farine (voir p. 14).
• À la fin du programme, démoulez votre *ciabatta* sur une grille et laissez-la refroidir.

C'est encore meilleur

• Tranché, toasté et parsemé de thym frais finement haché, de graines de sésame et relevé d'un trait d'huile d'olive.
• Servi avec toutes les spécialités italiennes : *antipasti* de légumes grillés, charcuteries italiennes, pesto… ou encore un *Tartare de sardines* (voir p. 155).

Pain toscan (Italie)

En Toscane le pain, omniprésent dans la cuisine, a une particularité qui surprend toujours le voyageur : il n'est pas salé et offre ainsi un contraste agréable avec la cuisine locale relevée de mille saveurs (épices fortes, poivre, fenouil...). Son aspect rustique, sa croûte craquante et sa mie très aérée font de ce pain un ingrédient de base pour de nombreuses recettes typiques, notamment la *bruschetta*.

Programme : pain français
Croûte : moyenne ou foncée

	pain de 500 g	pain de 750 g	pain de 1 kg
Eau	22 cl	28 cl	34 cl
Huile d'olive	2 cuil. à soupe	2 cuil. à soupe	2 cuil. à soupe
Sucre en poudre	2 cuil. à café	1 cuil. à soupe	1 cuil. à soupe
Farine T55	350 g	450 g	550 g
Levure déshydratée instantanée	1 cuil. à café	1 cuil. 1/2 à café	1 cuil. 1/2 à café

- Mettez tous les ingrédients dans la cuve de votre machine en suivant l'ordre préconisé (TH) de votre machine (voir p. 15). Faites un petit puits dans la farine et versez-y la levure.
- Sélectionnez le programme pain français, le poids et une croûte moyenne ou foncée.
- Vérifiez la pâte après environ 10 min de pétrissage afin de vous assurer qu'elle forme une belle boule lisse, sinon ajustez la quantité de liquide ou de farine (voir p. 14).
- À la fin du programme, démoulez votre pain toscan sur une grille et laissez-le refroidir.

Astuce

Pour faire la *bruschetta*, grillez des tartines de pain toscan quelques secondes sous le gril du four, sur une seule face. Frottez-les avec une gousse d'ail puis arrosez-les généreusement d'huile d'olive chaude. Vous étalerez ensuite toutes sortes d'ingrédients savoureux : mozzarella, tomates, anchois, câpres... Une bonne idée pour renouveler vos apéritifs !

Pain catalan (Espagne)

Les *tapas* font partie de la tradition culinaire espagnole. Ce sont des amuse-bouche de toutes sortes que l'on consomme dans les bars au moment de l'apéritif. À ne pas confondre avec le *bocadillo* qui est plus consistant et dégusté à n'importe quelle heure de la journée ! Quant au célèbre pain à la tomate de Barcelone, le *pa amb tomaquet*, il se mange tel quel avec un filet d'huile d'olive.

Programme : pain basique ou pain français
Croûte : moyenne ou foncée

	pain de 500 g	pain de 750 g	pain de 1 kg
○ Eau	24 cl	30 cl	36 cl
○ Huile d'olive	1/2 cuil. à soupe	1 cuil. à soupe	1 cuil. 1/2 à soupe
○ Sel fin	1 cuil. à café	1 cuil. 1/2 à café	2 cuil. à café
○ Sucre en poudre	2 cuil. à café	1 cuil. à soupe	1 cuil. à soupe
○ Farine T55	270 g	350 g	430 g
○ Farine de seigle	80 g	100 g	120 g
○ Levure déshydratée instantanée	1 cuil. à café	1 cuil. 1/2 à café	2 cuil. à café

- Mettez tous les ingrédients dans la cuve de votre machine en suivant l'ordre préconisé par le constructeur. Vous veillerez à ajuster les quantités en fonction du taux d'hydratation (TH) de votre machine (voir p. 15). Faites un petit puits dans la farine et versez-y la levure.
- Sélectionnez le programme pain basique ou pain français, le poids et une croûte moyenne ou foncée.
- Vérifiez la pâte après environ 10 min de pétrissage afin de vous assurer qu'elle forme une belle boule lisse, sinon ajustez la quantité de liquide ou de farine (voir p. 14).
- À la fin du programme, démoulez votre pain catalan sur une grille et laissez-le refroidir.

Astuce

Pour réaliser le pain à la tomate, tranchez votre pain, puis découpez chaque tranche en deux pour former des rectangles. Frottez chaque rectangle avec une gousse d'ail, puis avec une tomate coupée en deux. Nappez d'huile d'olive et parsemez de fleur de sel. À l'apéritif, servez les tranches empilées les unes sur les autres dans une petite assiette.

Broa ou pao de milho

pain au chorizo ou à la sardine (Portugal)

Le *broa* ou *pao de milho* est un pain campagnard à la farine de maïs. Sous sa croûte dorée s'épanouit une mie jaune et dense à la saveur subtilement salée. Parfois les boules de pain sont farcies de sardines grillées ou de chorizo avant d'être enfournées. Le *broa* devient alors un plat et accompagne à merveille la fameuse soupe *caldo verde*.

Programme : pain français
Croûte : moyenne ou foncée

	pain de 500 g	pain de 750 g	pain de 1 kg
Eau	25 cl	32 cl	39 cl
Huile d'olive	1 cuil. à soupe	1 cuil. à soupe	1 cuil. à soupe
Sel fin	1 cuil. à café	1 cuil. 1/2 à café	2 cuil. à café
Sucre en poudre	2 cuil. à café	1 cuil. à soupe	1 cuil. à soupe
Farine T55	220 g	290 g	350 g
Farine de maïs	130 g	160 g	200 g
Levure déshydratée instantanée	1 cuil. 1/2 à café	1 cuil. 1/2 à café	2 cuil. à café
Chorizo coupé en petits morceaux ou sardines en conserve	80 g	100 g	120 g

- Mettez tous les ingrédients dans la cuve de votre machine en suivant l'ordre préconisé par le constructeur. Vous veillerez à ajuster les quantités en fonction du taux d'hydratation (TH) de votre machine (voir p. 15). Faites un petit puits dans la farine et versez-y la levure.
- Sélectionnez le programme pain français, le poids et une croûte moyenne ou foncée.
- Vérifiez la pâte après environ 10 min de pétrissage afin de vous assurer qu'elle forme une belle boule lisse, sinon ajustez la quantité de liquide ou de farine (voir p. 14).
- Au bip, ajoutez le chorizo ou les sardines en morceaux.
- À la fin du programme, démoulez votre *broa* ou *pao de milho* sur une grille et laissez-le refroidir.

C'est encore meilleur

- Le pain au chorizo accompagnera une salade de lentilles, une soupe de haricots blancs ou une *tortilla*.
- Le pain à la sardine se mariera parfaitement à un *gazpacho* glacé ou un tian de légumes ; il pourra aussi être servi en tartines avec un *Tartare de sardines* (vor p. 155).

Müslibrot

pain au muesli (Allemagne)

Avec près de 84 kilos par tête et par an, les Allemands sont les plus grands mangeurs de pain. Il faut dire que les boulangers en proposent plus de 300 variétés ! Le pain (*Brot* en allemand) se consomme beaucoup le matin avec du beurre, de la confiture ou, toute la journée, en version salée, avec de la charcuterie ou des fromages.
Ce pain au muesli, fabriqué à partir du fameux mélange de flocons de céréales et de fruits secs du même nom, est un pain diététique très populaire. Il est parfait pour prendre un petit-déjeuner complet tout en gardant la ligne.

Programme : pain basique
Croûte : moyenne ou foncée

	pain de 500 g	pain de 750 g	pain de 1 kg
Eau	26 cl	34 cl	41 cl
Beurre	20 g	25 g	30 g
Miel	1 cuil. à soupe	2 cuil. à soupe	2 cuil. 1/2 à soupe
Sel fin	1 cuil. à café	1 cuil. 1/2 à café	1 cuil. 1/2 à café
Muesli	75 g	100 g	120 g
Farine T55	195 g	250 g	305 g
Farine complète	155 g	200 g	245 g
Levure déshydratée instantanée	1 cuil. à café	1 cuil. 1/2 à café	2 cuil. à café

- Mettez tous les ingrédients dans la cuve de votre machine en suivant l'ordre préconisé par le constructeur. Vous veillerez à ajuster les quantités en fonction du taux d'hydratation (TH) de votre machine (voir p. 15). Faites un petit puits dans la farine et versez-y la levure.
- Sélectionnez le programme pain basique, le poids et une croûte moyenne ou foncée.
- Vérifiez la pâte après environ 10 min de pétrissage afin de vous assurer qu'elle forme une belle boule lisse, sinon ajustez la quantité de liquide ou de farine (voir p. 14).
- À la fin du programme, démoulez votre *müslibrot* sur une grille et laissez-le refroidir.

C'est encore meilleur

- Au petit-déjeuner, avec une salade de fruits au fromage blanc, des *pancakes* au sirop d'érable, un jus d'orange et de pamplemousse fraîchement pressé, un café ou encore un chocolat chaud.
- Légèrement tartiné de beurre et de miel.

Bretzels (Allemagne)

Dès le matin, dans les boulangeries d'Alsace et d'Allemagne, on trouve ces drôles de petits pains en forme de nœud, tout dorés et saupoudrés de gros sel.
Une fois façonnés, ces petits pains lèvent puis sont plongés dans de la saumure.
Ce traitement unique leur donne une couleur brillante et ce goût si particulier.

Programme : pâte	pain de 500 g	pain de 750 g	pain de 1 kg
Eau	11 cl	14 cl	17 cl
Lait	10 cl	13 cl	16 cl
Beurre	20 g	25 g	30 g
Sel fin	3/4 de cuil. à café	1 cuil. à café	1 cuil. 1/2 à café
Farine T55	350 g	450 g	550 g
Levure déshydratée instantanée	1 cuil. à café	1 cuil. 1/2 à café	2 cuil. à café

Pour la cuisson des bretzels
- 1 litre d'eau
- 80 g de bicarbonate de soude
- 1 jaune d'œuf battu avec 1 cuil. à soupe d'eau
- Gros sel

• Mettez tous les ingrédients dans la cuve de votre machine en suivant l'ordre préconisé par le constructeur. Vous veillerez à ajuster les quantités en fonction du taux d'hydratation (TH) de votre machine (voir p. 15). Faites un petit puits dans la farine et versez-y la levure.
• Sélectionnez le programme pâte et le poids.
• Vérifiez la pâte après environ 10 min de pétrissage afin de vous assurer qu'elle forme une belle boule lisse, sinon ajustez la quantité de liquide ou de farine (voir p. 14).
• À la fin du programme, déposez la pâte sur un plan de travail fariné et divisez-la en 7, 14 ou 21 parts.
• Roulez la pâte en forme de boudins d'environ 40 cm de long, formez une boucle, entrelacez les extrémités. Posez la boucle ainsi réalisée par-dessus. Répétez l'opération.
• Laissez lever environ 40 min à température ambiante.
• Préchauffez le four à 210 °C (th. 7) en y plaçant un récipient rempli d'eau afin de créer une atmosphère humide.
• Pour réaliser la saumure, portez l'eau et le bicarbonate de soude à ébullition, puis retirez du feu et plongez-y les *bretzels*. Égouttez. Déposez-les sur une plaque de cuisson et badigeonnez chaque *bretzel* du mélange de jaune d'œuf et d'eau. Saupoudrez de gros sel. Enfournez les *bretzels* à côté du récipient rempli d'eau pour 10 à 15 min.

Pumpkin bread

pain de potiron aux graines de tournesol

(États-Unis)

Thanksgiving commémore la fête organisée par les colons du *Mayflower* pour célébrer leur première récolte sur le sol américain. Ce jour est avant tout une fête familiale : on se réunit autour d'un repas abondant où est servie la traditionnelle dinde rôtie et le *pumpkin bread*, une sorte de pain au potiron, très moelleux et absolument délicieux !

Programme : pain français
Croûte : pâle ou moyenne

	pain de 500 g	pain de 750 g
Lait	8 cl	10 cl
Beurre	20 g	30 g
Œuf légèrement battu	1	1
Purée de potiron	150 g	190 g
Sirop d'érable	1 cuil. à soupe	2 cuil. à soupe
Sel fin	1 cuil. à café	1 cuil. 1/2 à café
Farine T55	350 g	450 g
Levure déshydratée instantanée	1 cuil. à café	1 cuil. 1/2 à café
Graines de tournesol	30 g	50 g

Un *pumpkin bread* de 1 kg pourrait déborder de la cuve.

- Préparez la purée de potiron : pelez, épépinez le potiron, coupez-le en morceaux, faites-le cuire à l'eau bouillante salée pendant 20 min. Passez-le au presse-purée. Pesez votre purée pour obtenir le poids demandé. Comptez le même poids non épluché que celui souhaité en purée.
- Mettez tous les ingrédients dans la cuve de votre machine en suivant l'ordre préconisé par le constructeur. Vous veillerez à ajuster les quantités en fonction du taux d'hydratation (TH) de votre machine (voir p. 15) et de la grosseur des œufs (voir p. 15). Faites un petit puits dans la farine et versez-y la levure.
- Sélectionnez le programme pain français, le poids et une croûte pâle ou moyenne.
- Vérifiez la pâte après environ 10 min de pétrissage afin de vous assurer qu'elle forme une belle boule lisse, sinon ajustez la quantité de liquide ou de farine (voir p. 14).
- Au bip, ajoutez les graines de tournesol.
- À la fin du programme, démoulez votre *pumpkin bread* sur une grille et laissez-le refroidir.

Astuce

Donnez du craquant à votre pain en parsemant la croûte de graines de potiron.

Pain à la bière (Canada)

Déjà connue dans la plus haute Antiquité, en Mésopotamie et en Égypte, la bière a toujours été populaire. Très appréciée pour ses vertus rafraîchissantes et nourrissantes, elle entre aussi dans la composition de nombreuses recettes de cuisine. Au Canada, la bière blonde permet de faire du pain. Bien moelleux, ce pain à la bière possède une légère amertume qui peut être compensée par un peu de miel ou de sucre.

Programme : pain français
Croûte : moyenne ou foncée

	pain de 500 g	pain de 750 g	pain de 1 kg
○ Bière blonde	24 cl	30 cl	36 cl
○ Huile de noix	1/2 cuil. à soupe	1 cuil. à soupe	1 cuil. 1/2 à soupe
○ Farine T55	270 g	350 g	430 g
○ Farine de seigle	80 g	100 g	120 g
○ Sucre en poudre	2 cuil. à café	1 cuil. à soupe	1 cuil. à soupe
○ Sel fin	1 cuil. à café	1 cuil. 1/2 à café	2 cuil. à café
○ Levure déshydratée instantanée	1 cuil. à café	1 cuil. 1/2 à café	2 cuil. à café

• Mettez tous les ingrédients dans la cuve de votre machine en suivant l'ordre préconisé par le constructeur. Vous veillerez à ajuster les quantités en fonction du taux d'hydratation (TH) de votre machine (voir p. 15). Faites un petit puits dans la farine et versez-y la levure.
• Sélectionnez le programme pain français, le poids et une croûte moyenne ou foncée.
• Vérifiez la pâte après environ 10 min de pétrissage afin de vous assurer qu'elle forme une belle boule lisse, sinon ajustez la quantité de liquide ou de farine (voir p. 14).
• À la fin du programme, démoulez votre pain à la bière sur une grille et laissez-le refroidir.

C'est encore meilleur

• Servi avec une soupe de légumes grossièrement moulinée ou une viande en sauce.
• En accompagnement d'une salade frisée aux poires et au bleu d'Auvergne.

Rosca caseira

pain maison (Brésil)

La cuisine brésilienne est très inspirée par celle du Portugal ! Les Brésiliens sont friands de pains au maïs, à la banane, à la noix de coco, de pâte de goyave ou de coing, de gâteau à la noix de coco et de tarte au citron vert. Essayez ce pain parfumé à la cannelle.

Programme : pain sucré ou pain basique
Croûte : pâle ou moyenne

	pain de 500 g	pain de 750 g	pain de 1 kg
○ Eau	8 cl	10 cl	12 cl
○ Lait concentré sucré	140 g	180 g	220 g
○ Œuf(s) légèrement battu(s)	1	2	2
○ Huile de tournesol	4 cuil. à soupe	5 cuil. à soupe	6 cuil. à soupe
○ Sel fin	1/2 cuil. à café	1 cuil. à café	1 cuil. 1/2 à café
○ Farine T55	350 g	450 g	550 g
○ Levure déshydratée instantanée	1 cuil. à café	1 cuil. 1/2 à café	2 cuil. à café

Pour une déco gourmande
○ Sucre en poudre
○ Cannelle en poudre

• Mettez tous les ingrédients dans la cuve de votre machine en suivant l'ordre préconisé par le constructeur. Vous veillerez à ajuster les quantités en fonction du taux d'hydratation (TH) de votre machine (voir p. 15) et de la grosseur des œufs (voir p. 15). Faites un petit puits dans la farine et versez-y la levure.
• Sélectionnez le programme pain sucré ou pain basique, le poids et une croûte pâle ou moyenne.
• Vérifiez la pâte après environ 10 min de pétrissage afin de vous assurer qu'elle forme une belle boule lisse, sinon ajustez la quantité de liquide ou de farine (voir p. 14).
• Comptez 10 min après le début de la cuisson, ouvrez la machine à pain, sortez la cuve, fermez immédiatement le couvercle pour conserver la chaleur. Poudrez le dessus du pain de sucre et de cannelle. Replacez ensuite le pain dans la cuve, puis dans la machine, refermez le couvercle et terminez la cuisson.
• À la fin du programme, démoulez votre *rosca caseira* sur une grille et laissez-le refroidir.

C'est encore meilleur

• Au déjeuner, pour accompagner du poisson mariné au citron vert et au lait de coco.
• Au goûter, avec de la confiture de coing.

Khobt ed'dar

pain maison (Maroc)

La cuisine marocaine est une cuisine de femmes. Encore maintenant, dans les campagnes, tôt le matin, les femmes pétrissent et façonnent les pains. Leurs mains connaissent par cœur la densité de la pâte. Parfois, les pâtons sont disposés sur des planchettes en bois, les *wasla*, et emportés pour être cuits au four communal.

Programme : pain basique
Croûte : moyenne ou foncée

	pain de 500 g	pain de 750 g	pain de 1 kg
Eau	22 cl	28 cl	34 cl
Huile d'olive	1/2 cuil. à soupe	1 cuil. à soupe	1 cuil. 1/2 à soupe
Sucre en poudre	2 cuil. à café	1 cuil. à soupe	1 cuil. 1/2 à soupe
Sel fin	1 cuil. à café	1 cuil. 1/2 à café	2 cuil. à café
Semoule fine de blé dur	140 g	180 g	220 g
Farine T55	210 g	270 g	330 g
Levure déshydratée instantanée	1 cuil. à café	1 cuil. 1/2 à café	2 cuil. à café

- Mettez tous les ingrédients dans la cuve de votre machine en suivant l'ordre préconisé par le constructeur. Vous veillerez à ajuster les quantités en fonction du taux d'hydratation (TH) de votre machine (voir p. 15). Faites un petit puits dans la farine et versez-y la levure.
- Sélectionnez le programme pain basique, le poids et une croûte moyenne ou foncée.
- Vérifiez la pâte après environ 10 min de pétrissage afin de vous assurer qu'elle forme une belle boule lisse, sinon ajustez la quantité de liquide ou de farine (voir p. 14).
- À la fin du programme, démoulez votre *khobt ed'dar* sur une grille et laissez-le refroidir.

C'est encore meilleur

- Tranché et servi avec un *Confit de tomates douces* (voir p. 155).
- Avec les plats traditionnels marocains comme la *harira*, le couscous, ou un tajine de poisson.

Pain de semoule (Maroc)

Le blé dur, très riche en gluten, est cultivé dans les zones chaudes et arides, et notamment dans les pays du Bassin méditerranéen. Difficile à moudre en farine fine, il est le plus souvent concassé en semoule. En Afrique du Nord, on trouve partout un pain de semoule, fabriqué à partir de levure et de farine de blé. Juste avant la cuisson, il est roulé dans la semoule ce qui lui donne une croûte joliment ambrée et croquante à souhait.

Programme : pain basique
Croûte : moyenne ou foncée

	pain de 500 g	pain de 750 g	pain de 1 kg
○ Eau	22 cl	28 cl	34 cl
○ Sucre en poudre	2 cuil. à café	1 cuil. à soupe	1 cuil. à soupe
○ Sel fin	1/2 cuil. à café	1 cuil. à café	1 cuil. 1/2 à café
○ Farine T55	350 g	450 g	550 g
○ Levure déshydratée instantanée	1 cuil. à café	1 cuil. 1/2 à café	2 cuil. à café

Pour une déco gourmande
- ○ 1 cuil. à soupe de lait
- ○ 1 cuil. à soupe de semoule fine de blé dur

• Mettez tous les ingrédients dans la cuve de votre machine en suivant l'ordre préconisé par le constructeur. Vous veillerez à ajuster les quantités en fonction du taux d'hydratation (TH) de votre machine (voir p. 15). Faites un petit puits dans la farine et versez-y la levure.
• Vérifiez la pâte après environ 10 min de pétrissage afin de vous assurer qu'elle forme une belle boule lisse, sinon ajustez la quantité de liquide ou de farine (voir p. 14)
• Comptez 10 minutes après le début de la cuisson et ouvrez la machine. Badigeonnez le pain de lait avec un pinceau et parsemez de semoule fine, refermez la machine et attendez la fin du programme.
• À la fin du programme, démoulez votre pain de semoule sur une grille et laissez-le refroidir.

C'est encore meilleur

• Comme les pêcheurs d'Essaouira, dégustez ce pain avec une soupe de fruits de mer bien relevée, des crevettes sautées à la coriandre, des sardines grillées, des huîtres ou un *tajine* de poisson. C'est un pain qui convient aussi parfaitement aux plats traditionnels comme la *harira* ou le couscous. Et, bien sûr, avec un thé à la menthe, brûlant et sucré.
• Le pain de semoule peut être parfumé : avant le cycle de pétrissage, ajoutez à la pâte 1 cuil. à café de graines de sésame et 1 cuil. à café de graines d'anis ou 2 cuil. à café de graines de cumin ou de carvi noir.

Pain Kamut (Égypte)

Déjà cultivé en Mésopotamie dans l'Antiquité, le Kamut est l'ancêtre du blé dur. Redécouverte depuis peu, cette variété est aujourd'hui protégée et essentiellement produite par l'agriculture biologique. Kamut est d'ailleurs devenu une marque déposée. Ses gros grains donnent une farine jaune proche de la semoule, d'une grande valeur nutritive et qui donne au pain un léger goût de beurre et de noisette.

Programme : pain complet
Croûte : moyenne ou foncée

	pain de 500 g	pain de 750 g	pain de 1 kg
Eau	24 cl	30 cl	36 cl
Beurre	15 g	20 g	25 g
Sel fin	1 cuil. à café	1 cuil. 1/2 à café	1 cuil. 1/2 à café
Sucre en poudre	2 cuil. à café	1 cuil. à soupe	1 cuil. à soupe
Farine T55	175 g	225 g	275 g
Farine de Kamut	175 g	225 g	275 g
Levure déshydratée instantanée	1 cuil. à café	1 cuil. 1/2 à café	1 cuil. 1/2 à café

- Mettez tous les ingrédients dans la cuve de votre machine en suivant l'ordre préconisé par le constructeur. Vous veillerez à ajuster les quantités en fonction du taux d'hydratation (TH) de votre machine (voir p. 15). Faites un petit puits dans la farine et versez-y la levure.
- Sélectionnez le programme pain complet, le poids et une croûte moyenne ou foncée.
- Vérifiez la pâte après environ 10 min de pétrissage afin de vous assurer qu'elle forme une belle boule lisse, sinon ajustez la quantité de liquide ou de farine (voir p. 14).
- À la fin du programme, démoulez votre pain Kamut sur une grille et laissez-le refroidir.

C'est encore meilleur

Le pain Kamut fourré aux dattes : réduisez en purée 250 g de dattes hachées. Ajoutez 2 cuil. à soupe de beurre mou et assaisonnez, selon le goût, avec 1 cuil. à café de graines de sésame, de graines de fenouil ou de graines d'anis. À la fin du cycle de pétrissage, sortez la pâte de la machine afin de l'étaler sur un plan de travail légèrement fariné. Déposez au centre la purée de dattes et refermez la pâte. Ôtez la pale de pétrissage et remettez la pâte dans la cuve, soudure en dessous. Laissez le programme se terminer.

Pain vapeur (Chine)

Les Chinois ne mangent pas de pain dit « dur comme de la baguette », mais des petits pains de froment cuits à la vapeur dans des paniers en bambou. Ces petites boules blanches et moelleuses se dégustent nature ou garnies de viande hachée, de légumes et même de fruits. Ces pains sont très courants dans le nord de la Chine, où le blé se substitue au riz comme aliment de base.

Programme : pâte	pain de 500 g	pain de 750 g	pain de 1 kg
Eau	21 cl	27 cl	33 cl
Sel fin	1 cuil. à café	1 cuil. 1/2 à café	2 cuil. à café
Sucre en poudre	10 g	15 g	20 g
Farine T55	350 g	450 g	550 g
Levure déshydratée instantanée	1 cuil. à café	1 cuil. 1/2 à café	2 cuil. à café

- Mettez tous les ingrédients dans la cuve de votre machine en suivant l'ordre préconisé par le constructeur. Vous veillerez à ajuster les quantités en fonction du taux d'hydratation (TH) de votre machine (voir p. 15). Faites un petit puits dans la farine et versez-y la levure.
- Sélectionnez le programme pâte et le poids.
- Vérifiez la pâte après environ 10 min de pétrissage afin de vous assurer qu'elle forme une belle boule lisse, sinon ajustez la quantité de liquide ou de farine (voir p. 14).
- À la fin du programme, déposez la pâte sur un plan de travail fariné, divisez-la en 8 parts ou plus, suivant la quantité de pâte réalisée. Faites des petites boules et disposez-les dans le panier cuisson d'un cuit-vapeur. Laissez lever pendant 45 min à température ambiante.
- Quand la pâte est levée, allumez le cuit-vapeur et faites cuire les pains durant 20 min.

C'est encore meilleur

- Farci d'oignons frits et de viande hachée.
- Farci de poulet émincé sauté dans un wok avec des champignons noirs, des oignons et de la sauce soja.

Naan (Inde)

Les Indiens plient le pain du bout des doigts et saisissent la nourriture avec. Il existe toutes sortes de pains en Inde, mais tous sont très plats et de forme ronde ou ovale. Le *naan* est fait à partir de farine, de yaourt et de levure de boulanger. On le cuit en frappant les pâtons contre la paroi brûlante du *tandoor*, un four en argile chauffé au bois.
Souvent épicé et garni d'ail ou d'oignon, le *naan* se déguste bien chaud.

Programme : pâte

	pain de 500 g	pain de 750 g	pain de 1 kg
○ Lait	13 cl	17 cl	21 cl
○ Yaourt nature	8 cl	10 cl	12 cl
○ Sel fin	3/4 cuil. à café	1 cuil. à café	1 cuil. 1/2 à café
○ Farine T55	350 g	450 g	550 g
○ Levure déshydratée instantanée	1 cuil. à café	1 cuil. 1/2 à café	2 cuil. à café

Pour la cuisson des *naans*
○ 15 g de beurre fondu

- Mettez tous les ingrédients dans la cuve de votre machine en suivant l'ordre préconisé par le constructeur. Vous veillerez à ajuster les quantités en fonction du taux d'hydratation (TH) de votre machine (voir p. 15). Faites un petit puits dans la farine et versez-y la levure.
- Sélectionnez le programme pâte.
- Vérifiez la pâte après environ 10 min de pétrissage afin de vous assurer qu'elle forme une belle boule lisse, sinon ajustez la quantité de liquide ou de farine (voir p. 14).
- À la fin du programme, placez la pâte sur un plan de travail fariné et divisez-la en morceaux égaux, puis façonnez des boules. Aplatissez chaque boule pour lui donner une forme ovale d'environ 5 mm d'épaisseur.
- Couvrez les pains d'un linge humide et laissez-les lever environ 20 min.
- Préchauffer le four à 240 °C (th. 8).
- Enduisez chaque pain de beurre fondu, et enfournez pour 10 à 12 min.

C'est encore meilleur

- Pour accompagner un curry de viande ou de poisson, des brochettes de poulet *tikka*, un yaourt au concombre et à la coriandre ou des aubergines épicées.
- En *cheese naan* : avant d'enfourner, ajoutez à la pâte une portion de fromage fondu.

Pains sucrés Brioches

Cramique (Belgique)

Ce pain brioché, que l'on retrouve dans toute la Belgique (*kramiek* en flamand) mais aussi dans le nord de la France, est devenu, dans bien des familles, une institution du dimanche matin ou des goûters d'hiver, où rien n'est meilleur que d'en tremper d'épaisses tartines beurrées dans du chocolat chaud. À l'origine, le cramique est fabriqué avec du sucre perlé mais, selon les régions, on y ajoute des raisins secs, des pépites de chocolat ou même des pruneaux dénoyautés. Un petit secret : si vous voulez faire sensation, servez-le avec du foie gras...

Programme : pain sucré ou pain basique
Croûte : pâle ou moyenne

	pain de 500 g	pain de 750 g
○ Lait	10 cl	16 cl
○ Beurre	60 g	80 g
○ Œufs légèrement battus	2	2
○ Sel fin	1 cuil. à café	1 cuil. 1/2 à café
○ Sucre en poudre	45 g	60 g
○ Farine T55	350 g	450 g
○ Levure déshydratée instantanée	1 cuil. 1/2 à café	2 cuil. 1/2 à café
○ Raisins secs ou pépites de chocolat	45 g	60 g

Un cramique de 1 kg pourrait déborder de la cuve.

- Mettez tous les ingrédients dans la cuve de votre machine en suivant l'ordre préconisé par le constructeur. Vous veillerez à ajuster les quantités en fonction du taux d'hydratation (TH) de votre machine (voir p. 15) et de la grosseur des œufs (voir p. 15). Faites un petit puits dans la farine et versez-y la levure.
- Sélectionnez le programme pain sucré ou basique, le poids et une croûte pâle ou moyenne.
- Vérifiez la pâte après environ 10 min de pétrissage afin de vous assurer qu'elle forme une belle boule lisse, sinon ajustez la quantité de liquide ou de farine (voir p. 14).
- Au bip, ajoutez l'ingrédient de votre choix : raisins secs ou pépites de chocolat.
- À la fin du programme, démoulez votre cramique sur une grille et laissez-le refroidir.

C'est encore meilleur

- Tranché, grillé et servi avec du foie gras.
- Pour accompagner des pommes au four chaudes et une *Crème anglaise* (voir p. 156).
- Tranché et préparé comme du pain perdu, servi avec une boule de glace à la vanille et quelques feuilles de menthe.

Stollen (Allemagne)

Issu d'une tradition vieille de plus de cinq siècles, ce pain de Noël est l'un des plus célèbres pains allemands. Brioché, truffé d'épices et de fruits confits, et parfois même fourré de pâte d'amande, le *stollen* est aussi délicieux frais que légèrement toasté.

Programme : pain sucré ou pain basique
Croûte : pâle ou moyenne

	pain de 500 g
Lait	18 cl
Beurre	60 g
Œuf légèrement battu	1
Sel fin	1 cuil. à café
Sucre en poudre	60 g
Farine T55	350 g
Cannelle en poudre	1/2 cuil. à café
Muscade en poudre	1/2 cuil. à café
Levure déshydratée instantanée	1 cuil. 1/2 à café
Raisins secs	60 g
Amandes effilées	50 g
Écorces d'orange confites	40 g

Un *stollen* de 750 g ou de 1 kg pourrait déborder de la cuve.

Pour la garniture du *stollen*
- 200 g de pâte d'amande

- Mettez tous les ingrédients dans la cuve de votre machine en suivant l'ordre préconisé par le constructeur. Vous veillerez à ajuster les quantités en fonction du taux d'hydratation (TH) de votre machine (voir p. 15) et de la grosseur de l'œuf (voir p. 15). Faites un petit puits dans la farine et versez-y la levure.
- Sélectionnez le programme pain sucré ou basique, le poids et une croûte pâle ou moyenne.
- Vérifiez la pâte après environ 10 min de pétrissage afin de vous assurer qu'elle forme une belle boule lisse, sinon ajustez la quantité de liquide ou de farine (voir p. 14).
- Au bip, ajoutez les raisins secs, les amandes effilées et les écorces d'orange confites.
- Après le dernier pétrissage, sortez la pâte, déposez-la sur un plan de travail fariné. Étalez-la grossièrement, placez la pâte d'amande au milieu et roulez pour enfermer la pâte d'amande. Ôtez la pale de pétrissage et remettez la pâte dans la cuve, soudure en dessous.
- À la fin du programme, démoulez votre *stollen* sur une grille et laissez-le refroidir.

C'est encore meilleur

Tranché et proposé avec une *Crème de mascarpone aux fruits confits et au marsala* (voir p. 157).

Butchy (Pologne)

En Pologne, le petit-déjeuner est un vrai repas ! Fromages, viandes fumées, charcuterie et confitures garnissent d'épaisses tranches grillées de *butchy*, un pain brioché qui possède une mie dense et nourrissante. Également consommé en Allemagne, le *butchy* est traditionnellement composé de seize boules de pâte disposées dans un moule carré.

Programme : pain sucré ou pain basique
Croûte : pâle ou moyenne

	pain de 500 g	pain de 750 g
Lait	10 cl	16 cl
Beurre	100 g	120 g
Œufs légèrement battus	2	2
Sel fin	1 cuil. à café	1 cuil. 1/2 à café
Sucre en poudre	40 g	60 g
Farine T55	350 g	450 g
Levure déshydratée instantanée	1 cuil. 1/2 à café	2 cuil. 1/2 à café

Un *butchy* de 1 kg pourrait déborder de la cuve.

Pour une déco gourmande
- 1 blanc d'œuf
- 1 citron (jus)
- 200 g de sucre glace

• Mettez tous les ingrédients dans la cuve de votre machine en suivant l'ordre préconisé par le constructeur. Vous veillerez à ajuster les quantités en fonction du taux d'hydratation (TH) de votre machine (voir p. 15) et de la grosseur des œufs (voir p. 15). Faites un petit puits dans la farine et versez-y la levure.
• Sélectionnez le programme pain sucré ou basique, le poids et une croûte pâle ou moyenne.
• Vérifiez la pâte après environ 10 min de pétrissage afin de vous assurer qu'elle forme une belle boule lisse, sinon ajustez la quantité de liquide ou de farine (voir p. 14).
• À la fin du programme, démoulez votre *butchy* sur une grille et laissez-le refroidir complètement. Fouettez alors le blanc d'œuf et le sucre jusqu'à ce que le mélange blanchisse. Ajoutez le jus du citron, mélangez et nappez le *butchy*.

C'est encore meilleur
• Avec une confiture de prunes ou une *Soupe glacée de fraises et framboises* (voir p. 157).
• Avec une crème au citron, *Lemon curd* (voir p. 156) ou une *Marmelade d'oranges* (voir p. 132).
• Tartiné d'un beurre parfumé à la cannelle.
• Pour accompagner une glace à la vanille et aux noix de pécan.

Beigli (Hongrie)

De couleur bleu-gris foncé, les graines de pavot ont une subtile saveur de noisette qui s'intensifie pendant la cuisson. Très utilisées en Europe centrale, elles parfument le pain, les gâteaux ou les pâtisseries, comme le *beigli* hongrois. Ce délicieux gâteau roulé à la pâte légèrement briochée est parfois garni de noix. C'est le dessert traditionnel du repas de Noël.

Programme : pain sucré ou pain basique
Croûte : pâle ou moyenne

	pain de 500 g
○ Lait	10 cl
○ Beurre	120 g
○ Œufs légèrement battus	2
○ Sel fin	1 cuil. à café
○ Sucre en poudre	20 g
○ Farine T55	350 g
○ Levure déshydratée instantanée	2 cuil. à café

Un *beigli* de 1 kg pourrait déborder de la cuve.

Pour la garniture du *beigli*
- ○ 5 cl de lait
- ○ 60 g de sucre en poudre
- ○ 80 g de cerneaux de noix concassés ou de graines de pavot moulues
- ○ 1/2 pomme râpée
- ○ 20 g de raisins secs
- ○ 1 citron non traité (zeste)
- ○ 1/2 cuil. à café de cannelle en poudre

• Commencez par préparer la garniture : faites bouillir le lait et le sucre, ajoutez tous les autres ingrédients et réservez.
• Mettez tous les ingrédients dans la cuve de votre machine en suivant l'ordre préconisé par le constructeur. Vous veillerez à ajuster les quantités en fonction du taux d'hydratation (TH) de votre machine (voir p. 15) et de la grosseur des œufs (voir p. 15). Faites un petit puits dans la farine et versez-y la levure.
• Sélectionnez le programme pain sucré ou basique, le poids et une croûte pâle ou moyenne.
• Vérifiez la pâte après environ 10 min de pétrissage afin de vous assurer qu'elle forme une belle boule lisse, sinon ajustez la quantité de liquide ou de farine (voir p. 14).
• Au dernier pétrissage, sortez la pâte de la machine, posez-la sur un plan de travail légèrement fariné. Étalez la pâte grossièrement, déposez la garniture au milieu et roulez la pâte sur elle-même pour bien enfermer la garniture. Ôtez la pale de pétrissage et replacez la pâte dans la cuve, soudure en dessous. Attendez la fin du programme.
• À la fin du programme, démoulez votre *beigli* sur une grille et laissez-le refroidir.

Pulla (Finlande)

En Finlande, nul ne peut échapper au café ! Avec 160 litres par personne et par an, les Finlandais en sont les plus gros consommateurs dans le monde. Chez eux, on vous en proposera partout. Avec ce *kahvi* (une sorte de café allongé), on vous servira la *pulla*, une délicieuse brioche dorée au goût de cardamome.

Programme : pain sucré ou pain basique
Croûte : pâle ou moyenne

	pain de 500 g	pain de 750 g
○ Lait	16,5 cl	18 cl
○ Beurre	60 g	80 g
○ Œuf(s) légèrement battu(s)	1	2
○ Sel fin	1 cuil. à café	1 cuil. à café
○ Sucre en poudre	45 g	60 g
○ Farine T55	350 g	450 g
○ Cardamome	1 cuil. 1/2 à café	2 cuil. à café
○ Levure déshydratée instantanée	1 cuil. 1/2 à café	2 cuil. 1/2 à café
♪ ○ Raisins secs	45 g	60 g

Une *pulla* de 1 kg pourrait déborder de la cuve.

- Mettez tous les ingrédients dans la cuve de votre machine en suivant l'ordre préconisé par le constructeur. Vous veillerez à ajuster les quantités en fonction du taux d'hydratation (TH) de votre machine (voir p. 15) et de la grosseur des œufs (voir p. 15). Faites un petit puits dans la farine et versez-y la levure.
- Sélectionnez le programme pain sucré ou basique, le poids et une croûte pâle ou moyenne.
- Vérifiez la pâte après environ 10 min de pétrissage afin de vous assurer qu'elle forme une belle boule lisse, sinon ajustez la quantité de liquide ou de farine (voir p. 14).
- Au bip, ajoutez les raisins secs.
- À la fin du programme, démoulez votre *pulla* sur une grille et laissez-la refroidir.

C'est encore meilleur

La *pulla* accompagne à merveille les compotes de fruits aux notes épicées. Pensez aux prunes ou aux poires cuites avec 1 cuil. à café de cardamome ou de badiane en poudre.
Quant à la boisson, le *glögi*, vin chaud sucré et épicé, il peut aussi remplacer le café.

Lussekatter (Suède)

Avant l'établissement du calendrier géorgien, la nuit du 12 au 13 décembre était celle du solstice d'hiver, la nuit la plus longue de l'année. Ce jour-là, la Sainte-Lucie annonçait le retour de la lumière. En Suède, chaque famille, chaque ville choisit « sa » Lucie qui, vêtue d'une longue robe blanche et coiffée d'une couronne de bougies, propose du café ou du vin chaud épicé – le *glögg* – et un *lussekatter*, un pain tendre au safran.

Programme : pain sucré ou pain basique
Croûte : pâle ou moyenne

	pain de 500 g	pain de 750 g
Lait	17 cl	18 cl
Beurre	50 g	60 g
Œuf(s) légèrement battu(s)	1	2
Sel fin	1 cuil. à café	1 cuil. à café
Sucre en poudre	60 g	70 g
Farine T55	350 g	450 g
Safran en dose de 0,1 g	1/2 dose	1 dose
Levure déshydratée instantanée	2 cuil. à café	2 cuil. à café
Raisins secs	70 g	90 g

Un *lussekatter* de 1 kg pourrait déborder de la cuve.

- Mettez tous les ingrédients dans la cuve de votre machine en suivant l'ordre préconisé par le constructeur. Vous veillerez à ajuster les quantités en fonction du taux d'hydratation (TH) de votre machine (voir p. 15) et de la grosseur des œufs (voir p. 15). Faites un petit puits dans la farine et versez-y la levure.
- Sélectionnez le programme pain sucré ou basique, le poids et une croûte pâle ou moyenne.
- Vérifiez la pâte après environ 10 min de pétrissage afin de vous assurer qu'elle forme une belle boule lisse, sinon ajustez la quantité de liquide ou de farine (voir p. 14).
- Au bip, ajoutez les raisins secs.
- À la fin du programme, démoulez votre *lussekatter* sur une grille et laissez-le refroidir.

C'est encore meilleur

Cette brioche est évidemment délicieuse avec un *glögg*, dont voici la recette : portez à ébullition le contenu d'une bouteille de vin rouge avec 2 bâtons de cannelle, 3 à 5 clous de girofle, 1/2 cuil. à café de gingembre en poudre et 1 pincée de cardamome en poudre. Laissez infuser 30 min et servez avec le *lussekatter*.

Muffins (Angleterre)

En Angleterre, sur la table bien garnie du *breakfast*, les *muffins* font partie des incontournables. Sous une croûte souple et fine, ces petits pains ronds révèlent une mie blanche et très dense. Ouverts en deux et légèrement toastés, ils fondent dans la bouche et se marient aussi bien avec de la *Marmelade d'oranges* (voir p. 132) qu'avec des tranches de bacon grillé.

Programme : pâte	pain de 500 g	pain de 750 g	pain de 1 kg
○ Eau	10 cl	12 cl	15 cl
○ Lait	11 cl	15 cl	18 cl
○ Beurre	40 g	50 g	60 g
○ Sel fin	1 cuil. 1/2 à café	1 cuil. 1/2 à café	2 cuil. à café
○ Sucre en poudre	2 cuil. à café	1 cuil. à soupe	1 cuil. 1/2 à soupe
○ Farine T55	350 g	450 g	550 g
○ Levure déshydratée instantanée	1 cuil. à café	1 cuil. 1/2 à café	2 cuil. à café

Pour la cuisson des *muffins*

○ 2 cuil. à soupe d'huile de tournesol

- Mettez tous les ingrédients dans la cuve de votre machine en suivant l'ordre préconisé par le constructeur. Vous veillerez à ajuster les quantités en fonction du taux d'hydratation (TH) de votre machine (voir p. 15). Faites un petit puits dans la farine et versez-y la levure.
- Sélectionnez le programme pâte.
- Vérifiez la pâte après environ 10 min de pétrissage afin de vous assurer qu'elle forme une belle boule lisse, sinon ajustez la quantité de liquide ou de farine (voir p. 14).
- À la fin du programme, placez la pâte sur un plan de travail fariné, divisez-la en parts égales, puis façonnez des boules. Aplatissez chaque boule de façon à ce qu'elle fasse environ 1,5 cm d'épaisseur.
- Couvrez d'un linge humide et laissez lever environ 45 min.
- Chauffez et huilez très légèrement une poêle à fond épais. Disposez les boules de pâte dans la poêle et laissez-les cuire à feu modéré 8 à 10 min de chaque côté.

C'est encore meilleur

- Pour accompagner le thé, *of course !*
- Avec du beurre salé et toutes sortes de marmelades.
- Tartiné de crème au citron, *Lemon curd* (voir p. 156).

Barm brack (Irlande)

La plus célèbre des pâtisseries irlandaises se déguste le jour d'Halloween. Élaboré avec des épices et des raisins secs, le *barm brack* ou *bara brith* est une sorte de cake. Ce pain de fête savoureux est succulent au petit-déjeuner. La coutume veut que l'on place un anneau dans la pâte, assurant le mariage à celui ou celle qui le trouvera.

Programme : pain sucré ou pain basique
Croûte : pâle ou moyenne

	pain de 500 g	pain de 750 g	pain de 1 kg
Lait	17 cl	18 cl	24 cl
Beurre	20 g	40 g	60 g
Œuf(s) légèrement battu(s)	1	2	2
Sel fin	1/2 cuil. à café	3/4 cuil. à café	1 cuil. à café
Sucre en poudre	70 g	90 g	100 g
Farine T55	350 g	450 g	550 g
Cannelle en poudre	1/4 cuil. à café	1/4 cuil. à café	1/2 cuil. à café
Muscade en poudre	1/4 cuil. à café	1/4 cuil. à café	1/2 cuil. à café
Levure déshydratée instantanée	1 cuil. 1/2 à café	2 cuil. à café	2 cuil. 1/2 à café
♪ Écorces d'orange confites	40 g	50 g	60 g
Raisins secs dans du thé noir	100 g	140 g	180 g

- **La veille** : faites macérer les raisins secs dans une tasse de thé noir.
- **Le jour même** : égouttez les raisins et mettez tous les ingrédients dans la cuve de votre machine en suivant l'ordre préconisé par le constructeur. Vous veillerez à ajuster les quantités en fonction du taux d'hydratation (TH) de votre machine (voir p. 15) et de la grosseur des œufs (voir p. 15). Faites un petit puits dans la farine et versez-y la levure.
- Sélectionnez le programme pain sucré ou basique, le poids et une croûte pâle ou moyenne.
- Vérifiez la pâte après environ 10 min de pétrissage afin de vous assurer qu'elle forme une belle boule lisse, sinon ajustez la quantité de liquide ou de farine (voir p. 14).
- Au bip, ajoutez les écorces d'orange confites et les raisins secs égouttés.
- À la fin du programme, démoulez votre *barm brack* ou *bara brith* sur une grille et laissez-le refroidir.

C'est encore meilleur

Coupé en tranches fines (le *barm brack* est très nourrissant !) généreusement beurrées pour accompagner un thé noir ou parfumé aux fruits, ou un thé glacé en été, et une *Salade d'oranges à la fleur d'oranger* (voir p. 157).

Brioche aux pralines (France)

La brioche est fabriquée avec de la farine blanche mélangée à de la levure et enrichie de beurre, de lait, d'œufs et d'un peu de sucre.
S'il existe beaucoup de brioches, certaines sont inoubliables... Remplie en son cœur de pralines roses fondues en partie pendant la cuisson, cette brioche est croquante, surprenante et incroyablement délicieuse !

Programme : pain sucré ou pain basique
Croûte : pâle ou moyenne

	pain de 500 g	pain de 750 g
○ Lait	5 cl	11 cl
○ Beurre	100 g	130 g
○ Œufs (légèrement battus)	3	3
○ Sel fin	1 cuil. à café	1 cuil. 1/2 à café
○ Sucre en poudre	50 g	70 g
○ Farine T55	350 g	450 g
○ Levure déshydratée instantanée	2 cuil. à café	2 cuil. 1/2 à café
○ Pralines roses	80 g	100 g

Une *brioche aux pralines* de 1 kg pourrait déborder de la cuve.

- Mettez tous les ingrédients dans la cuve de votre machine en suivant l'ordre préconisé par le constructeur. Vous veillerez à ajuster les quantités en fonction du taux d'hydratation (TH) de votre machine (voir p. 15) et de la grosseur des œufs (voir p. 15). Faites un petit puits dans la farine et versez-y la levure.
- Sélectionnez le programme pain sucré ou basique, le poids et une croûte pâle ou moyenne.
- Vérifiez la pâte après environ 10 min de pétrissage afin de vous assurer qu'elle forme une belle boule lisse, sinon ajustez la quantité de liquide ou de farine (voir p. 14).
- Au bip, ajoutez les pralines roses.
- À la fin du programme, démoulez votre brioche aux pralines sur une grille et laissez-la refroidir.

Astuce

Vous pouvez donner une belle couleur à votre brioche en déposant sur le dessus, juste au début de la cuisson, quelques pralines que vous veillerez à enfoncer légèrement à la surface. Pendant la cuisson, elles fonderont et formeront un joli nappage rose.

Pain viennois (France)

C'est à Paris, au XIXe siècle, que ce tendre pain venu d'Autriche est apparu. Sa croûte souple, brillante et dorée, sa mie fine et légèrement sucrée plaisent immédiatement. Depuis, le pain viennois a toujours autant de succès. En baguette ou en petits pains, nature ou au chocolat, il a une place privilégiée au petit-déjeuner, à l'heure du goûter et... dans le cœur des enfants !

Programme : pain sucré ou pain basique
Croûte : pâle ou moyenne

	pain de 500 g	pain de 750 g	pain de 1 kg
○ Eau	10 cl	12 cl	15 cl
○ Lait	12 cl	16 cl	19 cl
○ Beurre	50 g	60 g	70 g
○ Sel fin	1 cuil. à café	1 cuil. 1/2 à café	1 cuil. 1/2 à café
○ Sucre en poudre	40 g	50 g	60 g
○ Farine T55	350 g	450 g	550 g
○ Levure déshydratée instantanée	1 cuil. à café	1 cuil. 1/2 à café	2 cuil. à café

• Mettez tous les ingrédients dans la cuve de votre machine en suivant l'ordre préconisé par le constructeur. Vous veillerez à ajuster les quantités en fonction du taux d'hydratation (TH) de votre machine (voir p. 15). Faites un petit puits dans la farine et versez-y la levure.
• Sélectionnez le programme pain sucré ou basique, le poids et une croûte pâle ou moyenne.
• Vérifiez la pâte après environ 10 min de pétrissage afin de vous assurer qu'elle forme une belle boule lisse, sinon ajustez la quantité de liquide ou de farine (voir p. 14).
• À la fin du programme, démoulez votre pain viennois sur une grille et laissez-le refroidir.

C'est encore meilleur

• Tartiné de confiture, de marmelade, de Nutella...
• Pour accompagner un milk-shake à la banane ou à la fraise ou des petits *Pots de crème au chocolat* (voir p. 156).
• Garni d'une barre de chocolat et rapidement passé au four pour accompagner un lait chocolaté.

Gâteau des Rois (Espagne)

C'est traditionnellement le 6 janvier, jour des Rois, que les enfants espagnols reçoivent leurs cadeaux. Melchior, Gaspard et Balthazar défilent dans les rues et l'on déguste le pain façonné pour l'occasion : une couronne briochée à la mie délicatement parfumée de zestes d'agrume et décorée d'amandes effilées et de fruits confits.

Programme : pain sucré ou pain basique
Croûte : pâle ou moyenne

	pain de 500 g	pain de 750 g
○ Eau	12 cl	17 cl
○ Beurre	50 g	60 g
○ Œufs légèrement battus	2	2
○ Sel fin	1 cuil. à café	1 cuil. à café
○ Sucre en poudre	75 g	100 g
○ Farine T55	350 g	450 g
○ Citron non traité (zeste)	1/2 citron	1/2 citron
○ Orange non traitée (zeste)	1/2 orange	1/2 orange
○ Levure déshydratée instantanée	1 cuil. 1/2 à café	2 cuil. à café
♪ ○ Cerises confites	45 g	60 g
○ Amandes effilées	45 g	60 g

Un *gâteau des Rois* de 1 kg pourrait déborder de la cuve.

Pour une déco gourmande

○ 3 cuil. à soupe de jus d'orange
○ 200 g de sucre glace
○ 5 cerises confites

• Mettez tous les ingrédients dans la cuve de votre machine en suivant l'ordre préconisé par le constructeur. Vous veillerez à ajuster les quantités en fonction du taux d'hydratation (TH) de votre machine (voir p. 15) et de la grosseur des œufs (voir p. 15). Faites un petit puits dans la farine et versez-y la levure.
• Sélectionnez le programme pain sucré ou basique, le poids et une croûte pâle ou moyenne.
• Vérifiez la pâte après environ 10 min de pétrissage afin de vous assurer qu'elle forme une belle boule lisse, sinon ajustez la quantité de liquide ou de farine (voir p. 14).
• Au bip, ajoutez les cerises confites et les amandes effilées.
• À la fin du programme, démoulez votre gâteau des Rois sur une grille et laissez-le refroidir. Fouettez alors le jus d'orange et le sucre glace, badigeonnez la brioche de ce mélange. Coupez les cerises confites en deux et déposez-les sur la brioche.

Astuce

En utilisant le programme pâte, vous pourrez sortir votre pâton pour donner à votre brioche sa forme traditionnelle en couronne. Comptez 30 min de cuisson à 180 °C (th. 6).

Pain au yaourt et aux graines de fenouil (Grèce)

Le plus connu des pains grecs est la *pita*, un pain plat, souple et creux que l'on peut fourrer de viande ou de légumes. Et pourtant la cuisine grecque propose bien d'autres pains, comme le *daktyla*, un pain de campagne très populaire, reconnaissable aux graines de sésame parsemées sur sa croûte, ou le pain aux olives. Le pain au yaourt et aux graines de fenouil est moins connu, mais sa saveur crémeuse et légèrement sucrée est vraiment unique.

Programme : pain basique
Croûte : pâle ou moyenne

	pain de 500 g	pain de 750 g	pain de 1 kg
○ Eau	12,5 cl	15,5 cl	19 cl
○ Beurre	15 g	25 g	30 g
○ Yaourt à la grecque nature	100 g	125 g	150 g
○ Miel	3 cuil. à soupe	4 cuil. à soupe	5 cuil. à soupe
○ Sel fin	1 cuil. à café	1 cuil. 1/2 à café	2 cuil. à café
○ Farine T55	350 g	450 g	550 g
○ Graines de fenouil	1 cuil. à soupe	1 cuil. 1/2 à soupe	2 cuil. à soupe
○ Levure déshydratée instantanée	1 cuil. à café	1 cuil. 1/2 à café	2 cuil. à café

• Mettez tous les ingrédients dans la cuve de votre machine en suivant l'ordre préconisé par le constructeur. Vous veillerez à ajuster les quantités en fonction du taux d'hydratation (TH) de votre machine (voir p. 15). Faites un petit puits dans la farine et versez-y la levure.
• Sélectionnez le programme pain basique suivant les programmes disponibles sur votre machine, le poids et une croûte pâle ou moyenne.
• Vérifiez la pâte après environ 10 min de pétrissage afin de vous assurer qu'elle forme une belle boule lisse, sinon ajustez la quantité de liquide ou de farine (voir p. 14).
• À la fin du programme, démoulez votre pain sur une grille et laissez-le refroidir.

C'est encore meilleur

• Pour accompagner une moussaka ou une salade de concombre au yaourt.
• Servi avec un *Confit de tomates douces* (voir p. 155) ou une tapenade maison, au moment de l'apéritif.

Tsoureki (Grèce)

En Grèce, Pâques est la fête religieuse la plus importante. Traditionnellement, le mercredi précédant les festivités, les femmes confectionnent des biscuits secs et le *tsoureki*, un pain brioché qui sera dégusté lors du repas pascal, le dimanche.

Programme : pain sucré ou pain basique
Croûte : pâle ou moyenne

	pain de 500 g	pain de 750 g
○ Lait	12 cl	18 cl
○ Œufs légèrement battus	2	2
○ Cognac	1 cuil. à café	2 cuil. à café
○ Sucre en poudre	60 g	80 g
○ Beurre	80 g	100 g
○ Sel fin	1 cuil. à café	1 cuil. à café
○ Farine	350 g	450 g
○ Graines de carvi noir	1/2 cuil. à café	1 cuil. à café
○ Orange non traitée (zeste)	1/2	1
○ Levure déshydratée instantanée	1 cuil. 1/2 à café	2 cuil. à café

Un *tsoureki* de 1 kg pourrait déborder de la cuve.

- Mettez tous les ingrédients dans la cuve de votre machine en suivant l'ordre préconisé par le constructeur. Vous veillerez à ajuster les quantités en fonction du taux d'hydratation (TH) de votre machine (voir p. 15) et de la grosseur des œufs (voir p. 15). Faites un petit puits dans la farine et versez-y la levure.
- Sélectionnez le programme pain sucré ou basique, le poids et une croûte pâle ou moyenne.
- Vérifiez la pâte après environ 10 min de pétrissage afin de vous assurer qu'elle forme une belle boule lisse, sinon ajustez la quantité de liquide ou de farine (voir p. 14).
- À la fin du programme, démoulez votre *tsoureki* sur une grille et laissez-le refroidir.

Astuce

En utilisant le programme pâte de votre machine, vous pourrez donner à cette brioche sa forme traditionnelle en la tressant et en la décorant avec trois œufs rouges. Comptez 30 min de cuisson à 180 °C (th. 6). Pour teindre des œufs en rouge, faites-les durcir puis refroidir. Dans un petit bol, mélangez du colorant alimentaire rouge avec 1 cuil. à café d'eau chaude et 1 cuil. à café de vinaigre blanc. Trempez-y les œufs un à un, puis laissez-les sécher avant de les frotter délicatement avec un papier absorbant imbibé d'huile d'olive pour les faire briller.

Mouna (Algérie)

C'est sans doute en Espagne que cette appétissante brioche trouve ses origines. Mais c'est en Algérie, à Oran particulièrement, qu'elle est devenue une vraie tradition. Recouverte de sucre, subtilement parfumée de zestes d'agrume et d'eau de fleur d'oranger, la *mouna* est le dessert incontournable du repas de Pâques des familles pieds-noirs.

Programme : pain sucré ou pain basique
Croûte : pâle ou moyenne

	pain de 500 g	pain de 750 g
○ Eau	9 cl	13 cl
○ Beurre	80 g	100 g
○ Eau de fleur d'oranger	2 cuil. à soupe	2 cuil. 1/2 à soupe
○ Œufs légèrement battus	2	2
○ Sucre en poudre	60 g	75 g
○ Sel fin	1 cuil. à café	1 cuil. 1/2 à café
○ Citron non traité (zeste)	1/2	1/2
○ Orange non traitée (zeste)	1/2	1/2
○ Farine T55	350 g	450 g
○ Levure déshydratée instantanée	2 cuil. à café	2 cuil. 1/2 à café

Une *mouna* de 1 kg pourrait déborder de la cuve.

• Mettez tous les ingrédients dans la cuve de votre machine en suivant l'ordre préconisé par le constructeur. Vous veillerez à ajuster les quantités en fonction du taux d'hydratation (TH) de votre machine (voir p. 15) et de la grosseur des œufs (voir p. 15). Faites un petit puits dans la farine et versez-y la levure.
• Sélectionnez le programme pain sucré ou pain basique, le poids et une croûte pâle ou moyenne.
• Vérifiez la pâte après environ 10 min de pétrissage afin de vous assurer qu'elle forme une belle boule lisse, sinon ajustez la quantité de liquide ou de farine (voir p. 14).
• À la fin du programme, démoulez votre *mouna* sur une grille et laissez-la refroidir.

C'est encore meilleur

• Pour le goûter, tartiné de confiture d'oranges amères et servi avec une *Crème anglaise* (voir p. 156).
• Pour accompagner des figues fraîches ou une *Salade d'oranges à la fleur d'oranger* (voir p. 157).

Pain challah (Israël)

Ce pain juif est béni puis servi le jour du shabbat. Riche en œufs mais sans beurre, le pain *challah* est un cousin de la brioche. On le consomme nature ou saupoudré de sel, parsemé de graines de pavot, de sésame ou d'anis.

Programme : pain sucré ou pain basique
Croûte : pâle ou moyenne

	pain de 500 g	pain de 750 g
Lait	16 cl	22 cl
Œuf légèrement battu	1	1
Huile d'olive	2 cuil. à soupe	2 cuil. 1/2 à soupe
Sel fin	1 cuil. à café	1 cuil. 1/2 à café
Sucre en poudre	30 g	50 g
Farine T55	350 g	450 g
Levure déshydratée instantanée	2 cuil. à café	2 cuil. 1/2 à café

Un pain *challah* de 1 kg pourrait déborder de la cuve.

- Mettez tous les ingrédients dans la cuve de votre machine en suivant l'ordre préconisé par le constructeur. Vous veillerez à ajuster les quantités en fonction du taux d'hydratation (TH) de votre machine (voir p. 15) et de la grosseur de l'œuf (voir p. 15). Faites un petit puits dans la farine et versez-y la levure.
- Sélectionnez le programme pain sucré ou basique, le poids et une croûte pâle ou moyenne.
- Vérifiez la pâte après environ 10 min de pétrissage afin de vous assurer qu'elle forme une belle boule lisse, sinon ajustez la quantité de liquide ou de farine (voir p. 14).
- À la fin du programme, démoulez votre *challah* sur une grille et laissez-le refroidir.

Astuce

Pour que votre brioche soit dorée, battez 1 jaune d'œuf avec 1 cuil. à soupe de lait. Surveillez attentivement le cycle de votre machine à pain. Pour cela, reportez-vous à la notice du constructeur et surveillez le début de la cuisson. En effet, la dorure à l'œuf doit s'appliquer juste avant le début de la cuisson ou dans les dix premières minutes de cuisson. Ouvrez délicatement le couvercle de votre machine, sortez la cuve, refermez immédiatement le couvercle pour conserver la chaleur. Avec un pinceau, appliquez le mélange sur le dessus de la brioche, puis replacez la cuve dans la machine pour terminer la cuisson.

Doughnuts (États-Unis)

Les *doughnuts*, appelés aussi *donuts* ou encore « beignes » au Québec, sont de délicieux beignets sucrés en forme d'anneau. Il en existe toutes sortes, pour tous les goûts : fourrés à la gelée de groseille, à la confiture de fraises, nappés de chocolat ou de sirop d'érable, glacés ou garnis de raisins... À vous d'inventer votre version préférée.

Programme : pâte

	pain de 500 g
Lait	20 cl
Œufs légèrement battus	2
Beurre	40 g
Sel fin	1 cuil. à café
Sucre en poudre	40 g
Sucre vanillé	2 sachets
Farine T55	500 g
Levure déshydratée instantanée	1 cuil. 1/2 à café

Une pâte à *doughnuts* de 750 g ou de1 kg pourrait déborder de la cuve.

Pour la cuisson des *doughnuts*

- Huile pour friture
- Sucre en poudre

- Mettez tous les ingrédients dans la cuve de votre machine en suivant l'ordre préconisé par le constructeur. Vous veillerez à ajuster les quantités en fonction du taux d'hydratation (TH) de votre machine (voir p. 15) et de la grosseur des œufs (voir p. 15). Faites un petit puits dans la farine et versez-y la levure.
- Sélectionnez le programme pâte.
- Vérifiez la pâte après environ 10 min de pétrissage afin de vous assurer qu'elle forme une belle boule lisse, sinon ajustez la quantité de liquide ou de farine (voir p. 14).
- À la fin du programme, déposez la pâte sur un plan de travail fariné et étalez-la sur une épaisseur de 1,5 cm. À l'aide d'un emporte-pièce de 5 cm de diamètre, coupez 16 cercles et retirez le centre à l'aide d'un vide-pomme de manière à façonner des beignets en forme d'anneau.
- Disposez-les sur une plaque et couvrez-les d'un linge. Laissez lever pendant 30 à 40 min.
- Faites frire les beignets pendant environ 5 min, égouttez-les et roulez-les dans le sucre.

C'est encore meilleur

- Servi très chaud et nappé de sirop d'érable ou de *Crème anglaise* (voir p. 156).
- Fourré ou tartiné de *Confiture de potiron* (voir p. 142) ou de *Marmelade d'oranges* (voir p. 132).

Sally Lunn (États-Unis)

Aussi tendre qu'un gâteau, aussi moelleux que la brioche française à laquelle il ressemble tant, le pain *Sally Lunn* est originaire d'Angleterre. D'où tient-il son nom étrange ? De celle qui le vendait dans les rues de Bath et de Bristol ? Nul ne le sait... Mais il est resté populaire aux États-Unis, surtout dans le sud, où on le sert à l'heure du thé, le plus souvent toasté.

Programme : pain sucré ou pain basique
Croûte : pâle ou moyenne

	pain de 500 g	pain de 750 g
Lait	18 cl	19 cl
Beurre	50 g	70 g
Œuf(s) légèrement battu(s)	1	2
Sel fin	1 cuil. à café	1 cuil. à café
Sucre en poudre	30 g	50 g
Farine T55	350 g	450 g
Citron non traité (zeste haché)	1 cuil. à soupe	1 cuil. 1/2 à soupe
Levure déshydratée instantanée	1 cuil. 1/2 à café	1 cuil. 1/2 à café

Un *Sally Lunn* de 1 kg pourrait déborder de la cuve.

- Mettez tous les ingrédients dans la cuve de votre machine en suivant l'ordre préconisé par le constructeur. Vous veillerez à ajuster les quantités en fonction du taux d'hydratation (TH) de votre machine (voir p. 15) et de la grosseur des œufs (voir p. 15). Faites un petit puits dans la farine et versez-y la levure.
- Vérifiez la pâte après environ 10 min de pétrissage afin de vous assurer qu'elle forme une belle boule lisse, sinon ajustez la quantité de liquide ou de farine (voir p. 14).
- Sélectionnez le programme pain sucré ou basique, le poids et une croûte pâle ou moyenne.
- À la fin du programme, démoulez votre *Sally Lunn* sur une grille et laissez-le refroidir.

C'est encore meilleur

Comme le propose le célèbre salon de thé le *Sally Lunn's* à Bath, cette célèbre brioche se sert tranchée et toastée :

- pour accompagner des œufs brouillés et une tasse de *cappuccino* ou de thé ;
- nappée de chocolat fondu ;
- tartinée d'un beurre aromatisé à la cannelle et servi avec une *Salade d'oranges à la fleur d'oranger* (voir p. 157).

Pan de muerto

pain des morts (Mexique)

Au Mexique, lors de la fête des morts, on dépose sur les tombes des fleurs, des bougies, des boissons et, bien sûr, le pain des morts, une sorte de brioche préparée pour l'occasion. Surtout osez goûter cette brioche au nom peu rassurant : elle est vraiment délicieuse !

Programme : pain sucré ou pain basique
Croûte : pâle ou moyenne

	pain de 500 g	pain de 750 g
Lait	9 cl	15 cl
Eau de fleur d'oranger	2 cuil. à soupe	2 cuil. à soupe
Beurre	60 g	80 g
Œufs légèrement battus	2	2
Sel fin	1 cuil. à café	1 cuil. à café
Sucre en poudre	60 g	80 g
Farine T55	350 g	450 g
Badiane (anis étoilé) moulue	1 cuil. à café	1 cuil. 1/2 à café
Levure déshydratée instantanée	1 cuil. 1/2 à café	2 cuil. 1/2 à café

Un *pan de muerto* de 1 kg pourrait déborder de la cuve.

- Mettez tous les ingrédients dans la cuve de votre machine en suivant l'ordre préconisé par le constructeur. Vous veillerez à ajuster les quantités en fonction du taux d'hydratation (TH) de votre machine (voir p. 15) et de la grosseur des œufs (voir p. 15). Faites un petit puits dans la farine et versez-y la levure.
- Sélectionnez le programme pain sucré ou basique, le poids et une croûte pâle ou moyenne.
- Vérifiez la pâte après environ 10 min de pétrissage afin de vous assurer qu'elle forme une belle boule lisse, sinon ajustez la quantité de liquide ou de farine (voir p. 14).
- À la fin du programme, démoulez votre *pan de muerto* sur une grille et laissez-le refroidir.

Astuce

Traditionnellement, cette brioche est décorée de sucre à la cannelle : mélangez 50 g de sucre, 1 cuil. à café de cannelle en poudre et 10 g de beurre fondu. Comptez 5 min avant la fin du cycle de cuisson, ouvrez la machine à pain, sortez la cuve, sortez délicatement la brioche de la cuve, et à l'aide d'un pinceau, enduisez le dessus du pain du mélange. Replacez alors délicatement la brioche dans la cuve, puis dans la machine et continuez la cuisson durant 3 à 4 min.

Pao doce (Hawaï)

Importé à Hawaï par les immigrants portugais, le *pao doce*, dont le nom signifie littéralement « pain sucré » est un pain brioché, doux et tendre, traditionnellement confectionné pour les mariages et les fêtes. Ce pain prendra différentes formes selon les occasions : façonné en nid avec des œufs au milieu pour Pâques, il est tressé en couronne pour Noël.

Programme : pain sucré ou pain basique
Croûte : pâle ou moyenne

	pain de 500 g	pain de 750 g
○ Lait	12 cl	18 cl
○ Beurre	40 g	60 g
○ Œufs légèrement battus	2	2
○ Sel fin	1 cuil. à café	1 cuil. 1/2 à café
○ Sucre en poudre	40 g	60 g
○ Farine T55	350 g	450 g
○ Levure déshydratée instantanée	1 cuil. 1/2 à café	2 cuil. 1/2 à café

Un *pao doce* de 1 kg pourrait déborder de la cuve.

- Mettez tous les ingrédients dans la cuve de votre machine en suivant l'ordre préconisé par le constructeur. Vous veillerez à ajuster les quantités en fonction du taux d'hydratation (TH) de votre machine (voir p. 15) et de la grosseur des œufs (voir p. 15). Faites un petit puits dans la farine et versez-y la levure.
- Sélectionnez le programme pain sucré ou basique, le poids et une croûte pâle ou moyenne.
- Vérifiez la pâte après environ 10 min de pétrissage afin de vous assurer qu'elle forme une belle boule lisse, sinon ajustez la quantité de liquide ou de farine (voir p. 14).
- À la fin du programme, démoulez votre *pao doce* sur une grille et laissez-le refroidir.

C'est encore meilleur

- Au petit-déjeuner, toasté avec de la confiture et une salade de kiwis, bananes et ananas parfumée avec 1/2 cuil. à café d'extrait de vanille.
- Le *pao doce* se marie très bien avec les fruits exotiques frais, en sorbet ou en jus.

CAKES

Cake provençal (France)

Ce cake au chèvre frais marie délicieusement les saveurs de la Provence : le thym, le romarin, l'huile d'olive, et les pignons de pin. L'été, on le sert à l'apéritif, découpé en cubes pour accompagner le pastis !

Programme : cake

	pour 6 personnes
Lait	12 cl
Huile d'olive	3 cl
Œufs légèrement battus	3
Farine T45	150 g
Fromage de chèvre frais	200 g
Courgette	1
Parmesan rapé	100 g
Pignon de pin	100 g
Thym	1 cuil. à café
Romarin	1 cuil. à café
Sachet de levure chimique	1

- Coupez le fromage de chèvre et la courgette en dés.
- Mettez tous les ingrédients dans la cuve de votre machine.
- Sélectionnez le programme cake.
- Au cours des 10 premières minutes, vérifiez la consistance de la pâte. Au besoin, avec une spatule souple, nettoyez les angles en ramenant les ingrédients vers le centre de la cuve.
- À la fin du programme, démoulez votre cake provençal sur une grille et laissez-le refroidir.

C'est encore meilleur

- En accompagnement d'une salade de courgettes crues, râpées et assaisonnées à la dernière minute d'huile d'olive et de fleur de sel.
- Sur un buffet d'été, tranché et servi avec un *Confit de tomates douces* (voir p. 155), des chiffonnades de charcuterie, des salades de roquette, tomates cerises, artichauts marinés et autres *antipasti*.

Pain d'épices (Pays-Bas)

Aux Pays-Bas, à l'approche de la Saint-Nicolas, les cuisines se parfument d'odeurs délicieuses. Les enfants déposent leurs chaussures devant la cheminée et les mamans confectionnent des *pepernoten* (petites pâtisseries à base d'épices), des spéculoos, des animaux en pâte d'amande ou en sucre et, bien entendu, le traditionnel pain d'épices de la Saint-Nicolas.

Programme : cake

	pour 6 personnes
Lait	11 cl
Œuf légèrement battu	1
Sucre en poudre	50 g
Miel liquide	400 g
Farine complète	400 g
Cannelle en poudre	1 cuil. à café
Noix muscade râpée	1 cuil. a café
Clou de girofle écrasé	1
Gingembre râpé	1 cuil. à café
Levure chimique	1 sachet

- Mettez tous les ingrédients dans la cuve de votre machine.
- Sélectionnez le programme cake.
- Au cours des 10 premières minutes, vérifiez la consistance de la pâte. Au besoin, avec une spatule souple, nettoyez les angles en ramenant les ingrédients vers le centre de la cuve.
- À la fin du programme, démoulez votre pain d'épices sur une grille et laissez-le refroidir.

C'est encore meilleur

- Nappé d'un glaçage à l'orange : mélangez 200 g de sucre glace à 4 cuil. à soupe de jus d'orange. Nappez le pain d'épices, laissez sécher environ 15 min avant de servir.
- Pour accompagner du foie gras : servez de toutes petites tranches de pain d'épices grillées avec un morceau de foie gras et une pincée de fleur de sel.
- Pour enchanter les enfants : tranché, puis découpé avec des emporte-pièces en forme de bonshommes ou de sapins de Noël.

Cake au pavot (Autriche)

Très utilisées dans les pâtisseries d'Europe de l'Est, les graines de pavot peuvent servir de décor ou de garniture. Elles apportent un goût de noisette très agréable que l'on retrouve notamment dans le *mohntorte*, le dessert traditionnel de Noël en Autriche. Dans cette version, il se marie admirablement au citron. Vous trouverez le pavot dans votre supermarché, à côté des fruits secs.

Programme : cake

	pour 6 personnes
○ Lait	20 cl
○ Rhum brun	1 cuil. à soupe
○ Œufs légèrement battus	3
○ Beurre fondu	100 g
○ Sucre en poudre	80 g
○ Sucre glace	70 g
○ Farine T45	330 g
○ Citron (jus)	2 cuil. à soupe
○ Graines de pavot	2 cuil. à soupe
○ Levure chimique	1 sachet

• Faites bouillir le lait et jetez-y les graines de pavot. Retirez la casserole du feu après 3 min et laissez infuser environ 30 min.
• Mettez tous les ingrédients , y compris le lait et le pavot, dans la cuve de votre machine.
• Sélectionnez le programme cake.
• Au cours des 10 premières minutes, vérifiez la consistance de la pâte. Au besoin, avec une spatule souple, nettoyez les angles en ramenant les ingrédients vers le centre de la cuve.
• À la fin du programme, démoulez votre cake au pavot sur une grille et laissez-le refroidir.

Astuce

Vous pouvez remplacer le citron par des fruits rouges surgelés (mûres, cassis ou framboises) : faites décongeler 150 g de fruits dans une assiette, égouttez-les puis versez-en 120 g dans la cuve au moment du bip. Servez le cake au pavot avec une crème fouettée dans laquelle vous aurez délicatement incorporé le reste des fruits rouges.

Ginger cake

cake au gingembre (Angleterre)

Et si , un dimanche, vous faisiez comme en Angleterre ? Une jolie table, un assortiment de thés raffinés (Earl Grey, Darjeeling, Ceylan, thé vert au jasmin, Sencha du Japon...), quelques *scones* tièdes garnis de crème, des tranches dorées de cake au gingembre, un peu de marmelade d'oranges, un soupçon de miel et... chut ! ne dites plus rien, savourez...

Programme : cake

	pour 6 personnes
Lait	3 cuil. à soupe
Beurre fondu	100 g
Œufs légèrement battus	3
Miel	70 g
Sel fin	1 pincée
Sucre roux	70 g
Farine T45	300 g
Gingembre en poudre	2 cuil. à soupe
Levure chimique	1 sachet

- Mettez tous les ingrédients dans la cuve de votre machine.
- Sélectionnez le programme cake.
- Au cours des 10 premières minutes, vérifiez la consistance de la pâte. Au besoin, avec une spatule souple, nettoyez les angles en ramenant les ingrédients vers le centre de la cuve.
- À la fin du programme, démoulez votre *ginger cake* sur une grille et laissez-le refroidir.

C'est encore meilleur

Ce cake au gingembre, fort en goût, est proche du pain d'épices.
Il est irrésistible tiède avec de la *Marmelade d'oranges* (voir p. 132).

Astuce

Si vous trouvez des petits moules en forme de bonshommes, vous pourrez réaliser des *gingerbread men* ressemblant à s'y méprendre au petit bonhomme en pain d'épices qui traverse en courant certains livres d'enfants.

Porter cake

cake à la bière (Irlande)

En Irlande, nul ne peut ignorer la bière. La Porter, une bière irlandaise très brune et très épaisse, sert à réaliser le *porter cake*, riche en fruits secs et en épices. Utilisez de la Guinness, plus facile à trouver, et conservez ce cake quelques jours bien emballé dans du papier aluminium avant de le déguster. Il n'en sera que meilleur !

Programme : cake

	pour 6 personnes
Guinness	33 cl
Œufs légèrement battus	3
Beurre fondu	150 g
Sucre roux	150 g
Farine T45	300 g
Mélange 4-épices	1 cuil. à café
Cerneaux de noix légèrement concassés	50 g
Raisins secs	50 g
Noisettes entières légèrement concassées - *facultatif*	30 g
Citron non traité (zeste) - *facultatif*	1
Levure chimique	1/2 sachet

- Mettez tous les ingrédients dans la cuve de votre machine.
- Sélectionnez le programme cake.
- Au cours des 10 premières minutes, vérifiez la consistance de la pâte. Au besoin, avec une spatule souple, nettoyez les angles en ramenant les ingrédients vers le centre de la cuve.
- À la fin du programme, démoulez votre *porter cake* sur une grille et laissez-le refroidir.

C'est encore meilleur

- Servi avec une glace à la vanille.
- Tranché et nappé de *Crème anglaise* (voir p. 156) aromatisée au Baileys.
- Accompagné d'un verre de liqueur Irish Mist, savoureux mélange de whisky irlandais, de miel et de plantes.

Carrot cake

cake aux carottes et aux noisettes (Canada)

La carotte a une longue histoire dans la pâtisserie anglo-saxonne. Au Moyen Âge, alors que les produits sucrés étaient onéreux, elle servait de substitut en se fondant dans la pâte pour lui donner une texture moelleuse très particulière. Vous serez surpris de constater qu'une fois cuit, ce cake a un goût de noisette sucrée. Alors laissez-vous tenter par cette recette canadienne !

Programme : cake

	pour 6 personnes
○ Lait	15 cl
○ Beurre fondu	100 g
○ Œufs légèrement battus	3
○ Sel fin	1 pincée
○ Sucre en poudre	150 g
○ Sucre vanillé	1 sachet
○ Extrait de vanille	1 cuil. à café
○ Farine T45	150 g
○ Carottes	200 g
○ Noisettes en poudre	150 g
○ Noix muscade en poudre	1 cuil. à café
○ Cerneaux de noix	100 g
○ Levure chimique	1 sachet

- Lavez, épluchez, puis râpez les carottes.
- Mettez tous les ingrédients dans la cuve de votre machine.
- Sélectionnez le programme cake.
- Au cours des 10 premières minutes, vérifiez la consistance de la pâte. Au besoin, avec une spatule souple, nettoyez les angles en ramenant les ingrédients vers le centre de la cuve.
- À la fin du programme, démoulez votre *carrot cake* sur une grille et laissez-le refroidir complètement avant de le servir.

C'est encore meilleur

- Au goûter, tranché, légèrement grillé et nappé de sirop d'érable ou de confiture de myrtilles.
- Pour accompagner une compote d'automne aux pommes et aux poires.

Cake à la patate douce (Antilles)

La cuisine antillaise est colorée, simple et sans artifices. La patate douce, appréciée pour ses propriétés nutritionnelles, est souvent cuisinée avec du lait de coco, des légumes, et du poisson, qui sont ensuite enroulés et cuits dans une feuille de bananier.
Si la patate douce est moins utilisée dans les desserts, ce cake reste un grand classique antillais.

Programme : cake

	pour 6 personnes
Lait	30 cl
Œufs légèrement battus	3
Beurre fondu	125 g
Citron vert (jus)	1
Rhum blanc	10 cl
Sucre en poudre	80 g
Sucre vanillé	2 sachets
Patates douces	200 g
Bananes	2
Gingembre en poudre	1 cuil. à café
Farine T45	100 g
Maïzena	2 cuil. à soupe

- Pelez les patates douces. Faites-les cuire dans l'eau bouillante pendant 30 min, égouttez-les et réduisez-les en purée. Coupez les bananes en rondelles. Pressez le citron vert. Délayez la maïzena dans un peu de lait.
- Mettez tous les ingrédients dans la cuve de votre machine.
- Sélectionnez le programme cake.
- Au cours des 10 premières minutes, vérifiez la consistance de la pâte. Au besoin, avec une spatule souple, nettoyez les angles en ramenant les ingrédients vers le centre de la cuve.
- À la fin du programme, laissez refroidir votre cake à la patate douce pendant 1/2 heure puis démoulez-le sur une grille.

C'est encore meilleur

- Avec une *Soupe glacée de fraises et framboises* (voir p. 157) et un *ti punch* fait maison.
- Servi avec des tranches d'ananas frais nature ou caramélisées, puis flambées.

Cake au dulce de leche

cake à la confiture de lait (Argentine)

Le *dulce de leche* est une sorte de confiture de lait au bon goût de caramel qui entre dans de nombreuses recettes de desserts argentins. En espagnol, son nom signifie « douceur de lait ». Le lait, le sucre, la vanille et le bicarbonate de soude, portés à ébullition 2 à 3 heures, lui donnent, en épaississant, une belle couleur caramel et un goût délicieux.

Programme : cake

	pour 6 personnes
○ Œufs légèrement battus	3
○ Beurre fondu	100 g
○ Sucre en poudre	150 g
○ Sel fin	1 pincée
○ Farine T45	300 g
○ Levure chimique	1 sachet

Pour la garniture du cake au *dulce de leche*

○ 1 pot de confiture de lait

- Mettez tous les ingrédients dans la cuve de votre machine.
- Sélectionnez le programme cake.
- Au cours des 10 premières minutes, vérifiez la consistance de la pâte. Au besoin, avec une spatule souple, nettoyez les angles en ramenant les ingrédients vers le centre de la cuve.
- À la fin du programme, démoulez votre cake sur une grille. Laissez-le refroidir complètement puis coupez-le en deux dans le sens de l'épaisseur. Nappez de confiture de lait et refermez.

C'est encore meilleur

- Accompagné d'une glace au caramel au beurre salé ou d'un sorbet à la poire.
- Servi avec des poires poêlées aux épices (cannelle, gingembre en poudre et mélange 4-épices).
- Pour un anniversaire, nappé d'un glaçage au chocolat puis décoré de Smarties et de vermicelles en chocolat. N'oubliez pas les bougies !

Cake aux dattes fraîches

(Tunisie)

De tous les pays du Maghreb, la Tunisie est celui où l'on trouve le plus de pâtisseries et de sucreries. Ce gâteau tout simple, une fois joliment doré au four, est arrosé copieusement d'un sirop à base de sucre et d'eau de fleur d'oranger. Surtout, avant de le déguster, laissez-le reposer afin que la pâte s'imprègne bien du sirop. Un vrai régal !

Programme : cake

pour 6 personnes

○ Eau de fleur d'oranger	2 cuil. à café
○ Œufs légèrement battus	3
○ Huile d'olive	3 cuil. à soupe
○ Yaourt	1
○ Sucre en poudre	250 g
○ Farine T45	220 g
○ Levure chimique	1 sachet
○ Dattes fraîches	8

Pour réaliser le sirop de sucre :
○ 8 cl d'eau
○ 2 cuil. à café d'eau de fleur d'oranger
○ 50 g de sucre en poudre
○ 50 g de miel

- Dénoyautez les dattes fraîches et découpez-les en petits morceaux.
- Mettez tous les ingrédients dans la cuve de votre machine.
- Sélectionnez le programme cake.
- Au cours des 10 premières minutes, vérifiez la consistance de la pâte. Au besoin, avec une spatule souple, nettoyez les angles en ramenant les ingrédients vers le centre de la cuve.
- Pendant ce temps, préparez le sirop de sucre. Versez l'eau et l'eau de fleur d'oranger dans une petite casserole. Ajoutez le sucre et le miel. Portez à ébullition. Maintenez à petits bouillons jusqu'à ce que le sirop épaississe légèrement.
- À la fin du programme, démoulez votre cake aux dattes fraîches sur une grille. Arrosez copieusement avec la moitié du sirop de sucre. Laissez-le reposer quelques minutes, puis arrosez-le à nouveau avec le reste du sirop de sucre.

C'est encore meilleur

- Avec une salade d'agrumes (clémentines, pamplemousses, oranges).
- Décoré de rondelles de kiwis et de quartiers de clémentine.
- Parsemé de pistaches concassées.

Lamington

cake au chocolat et à la noix de coco (Australie)

Le dessert national australien est la *pavlova*, une meringue à la crème, décorée de fruits de la passion et de fraises.... Difficile à réaliser avec une machine à pain ! Essayez plutôt le *lamington*, autre spécialité, un quatre-quarts coupé en cubes, nappé de chocolat et recouvert de noix de coco.

Programme : cake

	pour 6 personnes
Beurre fondu	100 g
Œufs (légèrement battus)	3
Sucre en poudre	125 g
Sucre vanillé	1 sachet
Extrait de vanille	1 cuil. à café
Farine T45	300 g
Levure chimique	1 sachet

Pour le glaçage du *lamington*
- 160 g de chocolat noir
- 40 g de beurre
- 125 g de noix de coco râpée

- Mettez tous les ingrédients dans la cuve de votre machine.
- Sélectionnez le programme cake.
- Au cours des 10 premières minutes, vérifiez la consistance de la pâte. Au besoin, avec une spatule souple, nettoyez les angles en ramenant les ingrédients vers le centre de la cuve.
- À la fin du programme, démoulez votre *lamington* sur une grille. Réservez.
- Dans une casserole, cassez grossièrement le chocolat. Ajoutez le beurre coupé en morceaux et faites chauffer le tout à feu doux en remuant jusqu'à ce que le mélange soit homogène.
- Versez la noix de coco râpée dans une assiette creuse.
- Coupez le cake en cubes de 3 cm de côté. Trempez chaque cube de cake dans le chocolat, puis roulez-le dans la noix de coco râpée. Déposez vos cubes sur un plat et réservez aussitôt au réfrigérateur jusqu'à ce que le glaçage soit bien ferme.

C'est encore meilleur

- Accompagné d'une glace à la vanille et aux noix de macadamia ou aux noix de pécan.

Chutneys
Confitures

Marmelade d'oranges (Angleterre)

La marmelade d'oranges accompagne délicieusement toutes les brioches maison à l'heure du thé. Servez-la avec la *Mouna* (voir p. 96), la *Pulla* (voir p. 78), le *Tsoureki* (voir p. 94), les *Muffins* (voir p. 82), le *Sally Lunn* (voir p. 102) et, bien sûr, avec le célèbre pain de mie anglais (voir p. 32).

Programme : confiture

	pour 3 pots
Oranges non traitées (jus)	6
Sucre gélifiant	Même poids que le jus des 6 oranges
Citron (jus)	1

- Prélevez le zeste d'une orange et coupez-le en julienne (fins bâtonnets). Pressez toutes les oranges et pesez le jus. Ajoutez le même poids de sucre gélifiant.
- Mettez tous les ingrédients dans la cuve de votre machine.
- Sélectionnez le programme confiture.
- À la fin du programme, remplissez des pots propres et stérilisés, fermez-les et laissez-les refroidir à l'envers.

C'est encore meilleur

- En tarte : étalez de la marmelade d'oranges sur un fond de tarte préalablement cuit au four pendant 10 min à 210 °C (th. 7). Déposez les fruits de votre choix et enfournez à nouveau pour 25 min.
- Réchauffé, pour napper une tarte aux pommes.
- Pour garnir un gâteau au chocolat.

Chutney aux pommes (Angleterre)

Ce qui donne au *chutney* cette saveur aigre-douce, c'est qu'il est fait avec des fruits ou des légumes cuits dans du vinaigre et du sucre, et aromatisé d'épices. Les Anglais ont rapporté ces recettes d'Inde et les proposent sous forme de purée ou avec des morceaux pour accompagner les plats traditionnels. Mais le *chutney* relève aussi délicieusement toutes les viandes froides !

Programme : confiture

	pour 3 pots
Pommes	400 g
Oignons	150 g
Raisins secs	70 g
Vinaigre de vin	15 cl
Sucre roux	100 g
Moutarde forte de Dijon	1 cuil. à soupe
Citron (jus)	1

- Pelez et coupez les pommes en cubes.
- Mettez tous les ingrédients dans la cuve de votre machine.
- Sélectionnez le programme confiture.
- À la fin du programme, remplissez des pots propres et stérilisés, fermez-les et laissez-les refroidir à l'envers.

C'est encore meilleur

- Réalisé avec des pommes vertes pour accompagner des coquilles Saint-Jacques.
- Servi avec un dos de cabillaud rôti.
- Avec un magret de canard, un pâté, une viande ou une volaille froides.

Confiture de prunes à la vanille (République tchèque)

La confiture de prunes accompagne de nombreux plats salés ou sucrés en Bohême, en Autriche et en Bavière. Elle sert notamment de garniture aux *knödel*, délicieuses petites quenelles de pâte dorées, dans lesquelles se cache une confiture de prunes très sucrée.

Programme : confiture

	pour 3 pots
Prunes	500 g
Sucre gélifiant	500 g
Vanille	1 gousse
Citron (jus)	1

- Lavez, dénoyautez et coupez les prunes en deux.
- Coupez la gousse de vanille dans la longueur et récupérez les graines avec un couteau.
- Mettez tous les ingrédients dans la cuve de votre machine.
- Sélectionnez le programme confiture.
- À la fin du programme, remplissez des pots propres et stérilisés, fermez-les et laissez-les refroidir à l'envers.

C'est encore meilleur

- Servi pour tartiner le *Butchy* (voir p. 74), les *Muffins* (voir p. 82) ou le *Pain de mie anglais* (voir p. 32).
- Pour garnir un fond de tarte précuite au four pendant 10 min à 210 °C (th. 7) avant d'y déposer des fraises lavées, séchées et coupées en morceaux.
- Servir avec une *Soupe glacée de fraises et framboises* (voir p. 157).

Confiture de fraises (France)

« J'ai descendu dans mon jardin, pour y cueillir... »
Si vous avez un verger, il faut cueillir les fraises le matin ou le soir et ne pas les séparer de leur collerette ni de leur queue. Vient ensuite le temps des confitures et des odeurs d'enfance qui parfument la maison...

Programme : confiture

	pour 3 pots
Fraises	500 g
Sucre gélifiant	500 g
Poivre moulu	1 pincée
Citron (jus)	1

- Lavez, équeutez et coupez les fraises en deux.
- Mettez tous les ingrédients dans la cuve de votre machine.
- Sélectionnez le programme confiture.
- À la fin du programme, remplissez des pots propres et stérilisés, fermez-les et laissez-les refroidir à l'envers.

C'est encore meilleur

- Pour accompagner une mousse de fromage blanc : montez 20 cl de crème liquide en chantilly que vous mélangerez à 150 g de fromage blanc, 1 cuil. à soupe de sucre en poudre et 1 cuil. à soupe de jus de citron.
- Tartiné sur un *Pain au lait* (voir p. 28).
- Pour garnir des *Doughnuts* (voir p. 100).

Riz au lait (France)

Ne soyez pas surpris de trouver cette recette de riz au lait dans ce livre de recettes pour machine à pain ! Du début à la fin du cycle confiture de votre machine (environ 1 h), le pétrin mélange et cuit doucement tous les ingrédients pour donner un riz au lait onctueux et savoureux.

Programme : confiture

	pour 3 pots
Riz rond	250 g
Lait entier	1 litre
Sucre en poudre	50 g
Sucre vanillé	2 sachets

- Mettez tous les ingrédients dans la cuve de votre machine.
- Sélectionnez le programme confiture.
- À la fin du programme, versez le riz au lait dans un plat et laissez-le refroidir.

Astuce

Vous pouvez parfumer le riz avec du zeste d'orange et le déguster tiède ou froid.

C'est encore meilleur

- Servi dans des verrines transparentes, nappé d'un caramel au beurre salé ou même de *Confiture de potiron* (voir p. 142).
- Froid, accompagné de griottes chaudes.

Confiture de potiron

Doce de abóbora (Portugal)

La *doce de abóbora* est une confiture de potiron, typique des campagnes portugaises. Ne soyez pas surpris... Au Portugal, le potiron se mange souvent sucré, en pudding, en tarte ou en crème. Les *filhos de abóbora*, beignets de potiron, font même partie des treize desserts de Noël !

Programme : confiture

	pour 3 pots
○ Potiron	500 g
○ Sucre gélifiant	500 g
○ Citron (jus)	1
○ Cannelle en poudre - *facultatif*	1/2 cuil. à café
○ Cerneaux de noix concassés	50 g

- Pelez et coupez le potiron en petits morceaux.
- Mettez tous les ingrédients dans la cuve de votre machine.
- Sélectionnez le programme confiture.
- À la fin du programme, remplissez des pots propres et stérilisés, fermez-les et laissez-les refroidir à l'envers.

C'est encore meilleur

- En coulis, pour napper une faisselle de fromage blanc.
- Pour accompagner une *Panna cotta* (voir p. 157) préparée la veille et servie tranchée ou dans des moules individuels.

Confiture de figues (Tunisie)

Le soleil tunisien convient parfaitement à la figue qui s'épanouit jusqu'au jour où elle est dégustée fraîche ou cuisinée. Les pâtisseries tunisiennes, qui rythment les moments importants de la vie de famille, en utilisent abondamment, et notamment en confiture.

Programme : confiture

	pour 3 pots
Figues fraîches	500 g
Sucre gélifiant	500 g
Citron (jus)	1

- Lavez et coupez les figues en deux.
- Mettez tous les ingrédients dans la cuve de votre machine.
- Sélectionnez le programme confiture.
- À la fin du programme, remplissez des pots propres et stérilisés, fermez-les et laissez-les refroidir à l'envers.

Astuce

Pour que la confiture s'étale plus facilement sur la tartine, choisissez des figues petites et mûres mais encore fermes.

C'est encore meilleur

- Servi avec une tranche de foie gras sur du *Pain de seigle* (voir p. 38).
- Pour accompagner un filet mignon de porc caramélisé.
- En accompagnement d'un tajine d'agneau aux figues mi-confites.

Gelée de rose (Liban)

La rose, symbole éternel de l'amour et de la beauté fragile, est fréquemment utilisée dans la cuisine orientale, notamment au Liban : *loukoums*, beurre et sucre de roses, sirops, crèmes glacées, confiture ou gelée de rose.

Programme : confiture

	pour 3 pots
Pétales de roses (non traitées)	300 g
Sucre gélifiant	500 g
Citron (jus)	1

• Vous trouverez des pétales de rose dans les épiceries fines ou orientales.
• **La veille** : placez les pétales de rose dans 50 cl d'eau froide et laissez macérer toute la nuit.
• **Le jour même** : portez à ébullition l'eau et les pétales et laissez frémir environ 10 min. Filtrez le jus et versez-le dans la cuve de la machine. Ajoutez le sucre et le jus de citron.
• Sélectionnez le programme confiture.
• À la fin du programme, remplissez des pots propres et stérilisés, fermez-les et laissez-les refroidir à l'envers.

Astuce

Pour réaliser confitures et gelées, toutes les roses parfumées conviennent. S'il vous reste quelques pétales, goûtez l'infusion aux pétales de roses : laissez infuser les pétales dans de l'eau bouillante, ajoutez le jus de 1 citron vert et sucrez à votre convenance.

Forum de discussion

De Gigi : On vient de m'offrir une nouvelle machine et mon premier pain est raté ? Que dois-je faire ?
Gigi, as-tu réellement suivi une recette du manuel de ta machine ou d'un livre de recettes spécialement conçues pour machine à pain ? Si ce n'est pas le cas, recommence en suivant une recette testée et en veillant à respecter scrupuleusement les poids et quantités recommandés. Au besoin, procure-toi une petite balance électronique. Bonne chance. Signé, Caline.

De Marie-Lou : Pourquoi ajouter certains ingrédients seulement au bip ? Si je les mets tous en même temps, dès le début, cela aura-t-il une incidence sur la levée du pain ?
Salut, c'est Olive. Eh oui, même les hommes utilisent parfois des machines à pain !
Tu peux mettre tous les ingrédients dès le début, cela n'aura aucune incidence sur la levée. Mais tu risques de rencontrer deux problèmes :
- Le cycle de pétrissage peut endommager certains ingrédients fragiles : ils ne resteront pas en morceaux et seront intégrés au pâton (fromage, pépites de chocolat).
- Tu risques aussi de rayer la cuve avec des ingrédients comme le sucre perlé. C'est pourquoi il vaut mieux les ajouter au bip.

De Pierrot : Est-ce que je peux utiliser ma farine à gâteau pour faire un pain ?
Pierrot, la farine à gâteau (T45) est difficilement panifiable. Tu dois utiliser une farine panifiable, la T55 par exemple, que tu trouveras dans les rayons farine ou bio de ton supermarché, ou encore en magasins bio. Signé, Luc.

De Maniau : Toutes les machines à pain sont-elles identiques ?
Te voilà sur le forum ! Salut, c'est Boule. Toutes les machines ne sont pas identiques. Elles ont ce que l'on appelle un taux d'hydratation (ou TH) qui peut varier de l'une à l'autre. Il faut donc ajuster les quantités de farine et de liquide. Regarde page 15 de ce livre de recettes, tu apprendras à réaliser un beau pâton et à calculer le TH de ta machine. Tu peux aussi te renseigner sur Internet. Sur certains blogs, les TH de toutes les machines à pain du marché français sont donnés. Tu trouveras sûrement le tien !

De Popi : J'ai l'impression que mon taux d'hydratation (TH) varie un peu si j'utilise une farine complète. Pouvez-vous m'aider ?
Salut Popi, c'est Babeth ! En effet, le TH varie un peu si tu prends une farine complète ou une farine avec des céréales. Le mieux est d'observer ton pâton pendant le cycle de pétrissage pour ajuster les liquides et obtenir une belle boule lisse (voir p. 14).

De Véro : Un peu de farine reste coincée dans les angles de ma cuve. Que faire ?
Ouvre le couvercle de ta machine pendant le cycle de pétrissage, Véro. Avec une spatule souple, nettoie les angles en ramenant la farine vers le centre de la cuve pour qu'elle soit incorporée au pâton. Signé, Laure.

De France : J'ai fait une brioche ce matin et la croûte est vraiment très foncée... presque brûlée. Que s'est-il passé ?
Bonjour France, ça y est, tu te lances ! Il faut savoir que le sucre en poudre fait brunir la croûte. C'est pour cette raison qu'il y en a souvent un peu même dans les pains salés. Pour les pains sucrés comme les brioches qui contiennent une quantité plus importante de sucre en poudre et des fruits secs (sucrés), il faut choisir le programme croûte « pâle » ou « moyenne » mais en aucun cas « foncée ». Bonne chance de Dominique !

De Virette : Est-il possible de mettre d'autres liquides que l'eau ou le lait ?
Salut Virette, c'est Carlotta. Oui, bien sûr. Tu peux remplacer le liquide prévu par la recette par des jus de fruits ou de légumes. Ils donneront encore plus de goût à ton pain. Tu peux, par exemple, utiliser le jus de cuisson d'un légume qui fait partie de la recette ou encore le liquide qui a servi à réhydrater tes fruits secs.

De Yves : Puis-je ouvrir le couvercle de ma machine pour regarder mon pain ?
Il vaut mieux ouvrir le couvercle de ta machine le moins possible. En début de cycle pour vérifier le pâton, puis au moment du bip, si tu dois ajouter des ingrédients. Ensuite, n'y touche plus ! Signé, Patricia.

De Cyril : Bonjour les filles, hier après-midi, j'ai fait une brioche aux pépites de chocolat pour ma fille. La brioche est sortie marron et les pépites avaient disparu dans la pâte... Vous pouvez me dire pourquoi ?
Voici une astuce toute simple d'Anne : mets tes pépites de chocolat dans le congélateur 4 h avant de faire ton pain. Sors-les au moment du bip et mets-les encore gelées dans ta cuve ! Elles ne fonderont pas pendant le dernier pétrissage. Tu peux faire la même chose avec les fromages très crémeux comme le bleu d'Auvergne. En revanche, tu n'es pas obligé de congeler le gruyère avant de le mettre dans la cuve de ta machine.

De Mamour : Combien de temps se garde un sachet de levure ouvert ?
Seulement 48 h au réfrigérateur ! Si tu veux t'assurer que la levure est encore bonne, prélève un peu de liquide de ta recette, verse-le dans un verre, ajoute la levure. Si au bout de 10 min ce mélange mousse, tu peux le verser dans la cuve avec les autres ingrédients et démarrer le programme. S'il ne mousse pas, jette-le et prend un sachet neuf. Signé, Luc.

De Laure : Ma cuve est rayée ! Ai-je fait une mauvaise manipulation ?
Laure, c'est Delph sur le net ! Il y a deux possibilités :
- Soit tu as démoulé ton pain en t'aidant d'un couteau et... tu as rayé ta cuve ! Le métal raye le revêtement antiadhésif de la cuve. Normalement ton pain se démoule tout seul : tu retournes la cuve sur une grille, tu tournes un peu la base de l'axe et tu secoues la cuve pour que le pain glisse doucement. Si vraiment tu n'y arrives pas, tu peux t'aider d'une spatule souple.
- Soit tu as mis des ingrédients comme du sucre perlé, au moment du bip. Lors du pétrissage, le revêtement antiadhésif a été rayé. Ce type d'ingrédient ne doit être ajouté qu'à la fin de programme de pétrissage.

De Flo : J'ai perdu le guide d'utilisation de ma machine à pain. Comment connaître les durées approximatives de chaque cycle, pétrissage, repos, levée et cuisson ?
Contacte le constructeur de ta machine à pain, il devrait pouvoir mettre à ta disposition un nouveau manuel ! Sinon, surveille ta machine et chronomètre... Bon courage ! Signé, Marie-Bé.

De Babelle : Je voudrais faire des dessins sur la croûte de mon pain. Est-ce possible ?
Oui, tu peux faire des incisions dans le pâton avec une lame de couteau bien aiguisée, 2 à 3 min avant le début du cycle de cuisson de ton pain. Ensuite, il ne faut plus ouvrir le couvercle de la machine. Signé, Flavie.

De Gigi : On me dit que les changements météo peuvent avoir une influence sur le résultat de mes pains. Est-ce vrai ?
Oui, Gigi, c'est tout à fait vrai. Par temps humide, les ingrédients contiennent moins d'eau et par temps chaud, ils en contiennent plus.
Voici mes conseils : s'il fait chaud, utilise des œufs et du lait qui sortent du réfrigérateur. S'il fait froid, sors-les quelques heures avant de faire ton pain.
Mais le plus simple, c'est de ne pas prêter trop d'attention à la météo : regarde bien ton pâton dans les dix premières minutes et ajuste les quantités de liquide ou de farine pour qu'il soit lisse et bien formé. C'est le secret de la réussite de tes pains ! Signé, Stéphanie.

Des problèmes ? Des solutions !

Vos pains ne sont pas à la hauteur de vos espérances ? Ce tableau est là pour vous aider à trouver des solutions à vos problèmes. **Les mesures indiquées sont valables pour toutes les tailles de pain.**

Problème 1 : **Votre pain ne lève pas.**

Cause possible	Solution
• Vous avez utilisé de la farine complète. Situation normale car les pains complets ne lèveront jamais autant que les pains blancs.	Remplacez une petite partie de votre farine complète par de la farine T55, selon votre goût. N'utilisez pas de farine fluide ou T45.
• Vous avez oublié le sucre ou il n'y en a pas assez.	Mettez dans la cuve les ingrédients dans l'ordre indiqué dans la recette, c'est le seul moyen pour ne pas l'oublier.
• Vous avez utilisé une farine qui ne convient pas.	Il se peut que vous ayez utilisé de la farine blanche T45 au lieu de la farine forte spéciale pour pain (par ex. T55) qui a une plus forte teneur en gluten. N'utilisez pas de farine fluide ou farine T45.
• Votre levure ne convient pas.	Pour de meilleurs résultats, utilisez uniquement de la levure à action rapide « facile à mélanger ».
• Il n'y a pas assez de levure ou bien votre levure est trop vieille.	Mesurez la levure avec exactitude et vérifiez la date limite d'utilisation sur l'emballage. Un sachet de levure ouvert ne se conserve que 48 h au réfrigérateur.
• Vous avez choisi le cycle « pain rapide ».	Situation normale. Ce cycle produit des pains plus petits ou minces.
• La levure et le sel sont entrés en contact avant le cycle de pétrissage.	Assurez-vous qu'ils restent séparés quand vous les placez dans la cuve de votre machine.

Problème 2 : **Votre pain est plat et ne lève pas.**

Cause possible	Solution
• Vous avez oublié la levure.	Mettez les ingrédients dans l'ordre indiqué dans la recette, c'est le seul moyen pour ne pas l'oublier.
• Votre levure est trop vieille.	Vérifiez la date limite d'utilisation sur l'emballage. Un sachet de levure ouvert ne se conserve que 48 h au réfrigérateur.
• Le liquide est trop chaud.	Le liquide doit être à une température de 37 °C maximum.
• Vous avez mis trop de sel.	Mesurez le sel avec exactitude.
• Si vous avez utilisé la minuterie, la levure s'est mouillée avant que la machine ait démarré.	Placez les ingrédients secs dans les coins de la cuve de votre machine, creusez un puits dans la farine et versez-y la levure : elle sera protégée des liquides.

Problème 3 : Le dessus est gonflé et votre pain ressemble à un champignon.

Cause possible	Solution
• Vous avez mis trop de levure.	Réduisez la levure de 1/4 de cuil. à café.
• Vous avez mis trop de sucre.	Réduisez le sucre de 1 cuil. à café.
• Vous avez mis trop de farine.	Réduisez la farine de 6 à 9 cuil. à café.
• Vous n'avez pas mis assez de sel.	Mesurez le sel avec exactitude.
• Le temps est tiède et humide.	Réduisez le liquide de 3 cuil. à café et la levure de 1/4 de cuil. à café.

Problème 4 : Le haut et les côtés du pain sont enfoncés.

Cause possible	Solution
• Vous avez mis trop de liquide.	Réduisez le liquide de 3 cuil. à café ou ajoutez un peu plus de farine.
• Vous avez mis trop de levure.	Mesurez la levure avec exactitude ou essayez avec un cycle plus rapide.
• Il est possible que la pâte ait levé trop rapidement à cause d'une forte humidité et d'un temps chaud.	Refroidissez l'eau ou ajoutez du lait sortant juste du réfrigérateur.

Problème 5 : Le dessus est bosselé et noueux, il n'est pas lisse.

Cause possible	Solution
• Vous n'avez pas mis assez de liquide.	Ajoutez 3 cuil. à café de liquide.
• Vous avez mis trop de farine.	Mesurez la farine avec exactitude.

Problème 6 : Votre pain s'est affaissé durant la cuisson.

Cause possible	Solution
• Votre machine était placée dans un courant d'air ou elle a été cognée ou secouée pendant que la pâte levait.	Ne déplacez pas votre machine pendant qu'elle est en marche.
• Votre pain est plus gros que la cuve à pain.	N'utilisez pas de quantités d'ingrédients supérieures à celles recommandées par le constructeur.
• Vous n'avez pas utilisé assez de sel ou vous l'avez oublié (le sel aide la pâte à ne pas trop lever).	Mesurez le sel avec exactitude.
• Vous avez mis trop de levure.	Mesurez la levure avec exactitude.
• Le temps est tiède et humide.	Réduisez le liquide de 3 cuil. à café et la levure de 1/4 de cuil. à café.

Problème 7 : Votre pain est irrégulièrement plus court à une extrémité.

Cause possible	Solution
• La pâte est trop sèche et elle n'a pas pu lever régulièrement dans la cuve de votre machine.	Ajoutez 3 cuil. à café de liquide.

Problème 8 : La texture est dense et lourde.

Cause possible	Solution
• Vous avez mis trop de farine.	Mesurez la farine avec exactitude.
• Vous n'avez pas mis assez de levure.	Mesurez la levure avec exactitude.
• Vous n'avez pas mis assez de sucre.	Mesurez le sucre avec exactitude.

Problème 9 : La texture est aérée, grossière et à trous.

Cause possible	Solution
• Vous avez oublié le sel.	Ajoutez les ingrédients, dans l'ordre indiqué dans la recette, c'est le seul moyen de ne pas l'oublier.
• Vous avez mis trop de liquide.	Réduisez le liquide de 3 cuil. à café.

Problème 10 : Le centre de votre pain est cru, il n'est pas assez cuit.

Cause possible	Solution
• Vous avez mis trop de liquide.	Réduisez le liquide de 3 cuil. à café.
• Il y a eu une panne de courant pendant la cuisson.	S'il y a une panne de courant électrique pendant la cuisson, votre machine ne se rallumera pas automatiquement. Sortez le pain de votre machine et recommencez la recette depuis le début avec des ingrédients frais.
• Les quantités étaient trop importantes et votre machine n'a pas pu les faire cuire.	Réduisez les quantités jusqu'à obtention des quantités maximales recommandées par le constructeur.

Problème 11 : Il est difficile de couper le pain en tranches, le pain colle.

Cause possible	Solution
• Votre pain a été tranché alors qu'il était encore chaud.	Laissez le pain refroidir sur une grille métallique pendant au moins 30 min pour dégager la vapeur avant de le trancher.
• Le couteau utilisé n'est pas adapté pour le pain.	Utilisez un couteau à pain à grosses dents.

Problème 12 : La croûte est trop foncée/trop épaisse.

Cause possible	Solution
• Vous avez utilisé le réglage croûte foncée.	Réglez la couleur de la croûte sur pâle ou moyenne.

Problème 13 : La croûte est trop pâle/trop mince.

Cause possible	Solution
• Votre pain n'a pas cuit assez longtemps.	Prolongez le temps de cuisson.
• Il n'y a pas de sucre dans la recette.	Ajoutez 1 à 2 cuil. à café de sucre pour une croûte plus dorée.

Les accompagnements

Confit de tomates douces

Pour 1 gros bol

500 g de tomates
1 oignon moyen
3 cuil. à soupe de miel
1 cuil. à café de cannelle en poudre

- Dans une grande sauteuse, faites revenir pendant 45 à 50 min les tomates coupées en dés et l'oignon émincé.
- En fin de cuisson, incorporez le miel et la cannelle.

Idéal avec le *Khobt ed'dar* (p. 58), le *Cake provençal* (p. 110), ou le *Pain au yaourt et aux graines de fenouil* (p. 92).

Tartare de sardines

Pour 1 gros bol

1 boîte de sardines à l'huile d'olive et au citron
2 cuil. à soupe d'olives noires dénoyautées
2 petites tomates
1 cuil. à soupe d'huile d'olive
1 cuil. à soupe de thym
Poivre du moulin

- Coupez les sardines en tout petits morceaux. Arrosez-les d'huile d'olive.
- Hachez les olives et détaillez les tomates en petits dés. Mélangez les sardines, les olives, les tomates et le thym. Poivrez. Laissez-les mariner environ 30 min au réfrigérateur.

Idéal avec le *Pain de campagne aux olives* (p. 26), les *Pains pistolets* (p. 36) ou la *Ciabatta* (p. 40).

Beurre aux herbes ou aux baies roses

Pour 1 ramequin

125 g de beurre doux, mou
1 cuil. à soupe d'estragon, 1 cuil. à soupe de ciboulette et 1 cuil. à soupe de persil plat
ou 1 cuil. à soupe de baies roses, 1 cuil. à café de gros sel. Poivre du moulin.

- Sortez le beurre du frigo. Lorsqu'il commence à ramollir, travaillez-le à la fourchette.
- **Pour un beurre aux herbes fraîches** : hachez finement l'estragon, la ciboulette et le persil. Mélangez les herbes au beurre et présentez joliment dans un ramequin.
- **Pour un beurre aux baies roses** : pilez 1 cuil. à soupe de baies avec 1 cuil. à café de gros sel et 1 pincée de poivre. Mélangez la poudre obtenue au beurre et présentez joliment dans un ramequin.

Idéal avec le *Pain à la châtaigne* (p. 30) ou le *Hiivaleipä* (p. 38).

Crème anglaise
Pour 6 personnes

50 cl de lait
6 jaunes d'œufs
100 g de sucre en poudre
1 gousse de vanille

- Faites bouillir le lait avec la vanille fendue dans sa longueur puis retirez-la.
- Dans un bol, fouettez les jaunes d'œufs avec le sucre jusqu'à ce que le mélange blanchisse. Versez le lait dessus. Mélangez.
- Versez dans la casserole, sur feu doux, en remuant sans cesse jusqu'à ce que la crème épaississe et nappe la spatule.
- En fin de cuisson, vous pouvez ajouter quelques gouttes de whisky, kirsch, liqueur de fruit ou 1 cuil. à café d'eau de fleur d'oranger.

Idéal avec la *Mouna* (p. 96), les *Doughnuts* (p. 100) ou le *Porter cake* (p. 118).

Pots de crème au chocolat
Pour 6 personnes

150 g de chocolat noir
20 cl de crème fleurette entière
2 cl de lait
4 jaunes d'œufs
50 g de sucre en poudre
30 g de Maïzena

- Cassez le chocolat en morceaux et mettez-le dans une casserole avec le lait. Laissez-le fondre doucement. Quand le mélange est lisse, ajoutez la crème fleurette entière et faites frémir.
- Dans un bol, fouettez les jaunes d'œufs avec le sucre jusqu'à ce que le mélange blanchisse.
- Diluez la Maïzena dans un peu de lait froid puis versez dans le mélange chocolaté.
- Faites cuire cette préparation à feu très doux sans cesser de remuer jusqu'à ce qu'elle épaississe, puis repartissez la crème dans des pots individuels.
- Placez au réfrigérateur au moins 2 h avant de servir.

Idéal avec le *Beigli* (p. 76) ou le *Pain viennois* (p. 88).

Lemon curd
Pour 1 gros pot

2 citrons (jus)
1 citron (zeste)
4 œufs
140 g de sucre
90 g de beurre

- Prélevez le zeste de 1 citron. Pressez les 2 citrons et mélanger le jus avec le zeste, les 4 œufs, le sucre et le beurre coupé en petits morceaux. Au bain-marie, fouettez le mélange jusqu'à ce qu'il épaississe.

Idéal avec le *Pain de mie* (p. 32), le *Butchy* (p. 74), le *Cramique* (p. 70) ou des *Muffins* (p. 82).

Crème de mascarpone aux fruits confits et au marsala

Pour 6 personnes

1 pot (380 g) de *mostarda di Cremona* (fruits confits à la moutarde)
200 g de mascarpone
20 cl de crème fleurette entière
10 cl de marsala

- Mélangez la *mostarda di Cremona* avec le mascarpone et le marsala.
- Montez la crème en chantilly et incorporez-la délicatement au mélange.

Idéal avec le *Stollen* (p. 72) ou le *Gâteau des Rois* (p. 90).

Salade d'oranges à la fleur d'oranger

Pour 6 personnes

6 belles oranges
1 cuil. à soupe d'eau de fleur d'oranger

- Pelez 5 oranges à vif puis coupez-les en rondelles. Réservez.
- Pressez l'orange restante et ajoutez l'eau de fleur d'oranger. Versez ce mélange sur les oranges. Placez au réfrigérateur au moins 1 h avant de servir.

Idéal avec le *Barm brack* (p. 84), la *Mouna* (p. 96) ou le *Sally Lunn* (p. 102).

Soupe glacée de fraises et framboises

Pour 6 personnes

600 g de fraises
300 g de framboises
1/2 citron (jus)
1/2 cuil. à soupe de miel

- Lavez, séchez et équeutez les fraises.
- Mixez-les avec le jus du citron, le miel et la moitié des framboises. Versez le coulis obtenu dans de jolies coupelles.
- Au moment de servir, ajoutez le reste des framboises.

Idéal avec le *Cake à la patate douce* (p. 122).

Panna cotta

Pour 6 personne

60 cl de crème liquide
70 g de sucre en poudre
1 gousse de vanille
3 feuilles de gélatine

- Faites chauffer la crème liquide avec le sucre en poudre et la gousse de vanille. À l'ébullition retirez du feu, ôtez la gousse, incisez-là et grattez les graines dans la crème.
- Mettez les feuilles de gélatine dans de l'eau froide. Quand elles sont ramollies, essorez-les et ajoutez-les à la crème.
- Laissez refroidir en mélangeant pour éviter qu'une peau ne se forme à la surface.
- Versez la crème dans des ramequins et faire prendre au réfrigérateur.

Idéal avec une *Confiture de potiron* (p. 142).

Ouvrage publié sous la direction de Laure Paoli
Conception éditoriale et réalisation : Init Éditions Productions (www.init-ep.net)
Conception graphique : Stéphanie Le Bihan
Mise en page : Dominique Grelier
Réalisation de la couverture : Dominique Grelier
Relecture : Isabelle Levy et Diana Darley

Remerciements à Élisabeth de Lambilly, Vicky Brougiannaki et Kenwood

Éditions Albin Michel
22, rue Huyghens
75014 Paris
www.albin-michel.fr

Achevé d'imprimer en France sur les presses de Pollina (Luçon)

ISBN : 978-2-226-16950-1
Dépôt légal : Avril 2007
N° d'édition : 25129
N° d'impression : L43006